JN439730

옛집

전영모 시선집

전영모 시선집

옛 집

초판1쇄 인쇄 · 2014년 9월 1일
초판1쇄 발행 · 2014년 9월 5일

지은이 · 전영모
펴낸이 · 윤영희
주 간 · 이현실

펴낸곳 · 도서출판 **동행**
등록번호 · 제2-4991호

주소 · 서울시 중구 충무로 7길 17 (난빌딩 303호)
편집부 · (02) 2285-0711
영업부 · (02) 338-2734
팩 스 · (02) 338-2722
이메일 · gongamsa@hanmail.net

값 10,000원

ISBN 978-89-94227-89-4 03810

* 잘못된 책은 서점에서 교환해 드립니다.

옛집

전영모 시선집

동행

시인의 말

무엇이 그리 바쁜지 정신없이 달려왔다.
큰 병마와 싸우며 황천길 문턱까지 다녀왔기에 남은 생 조급해서
또 달려야 했다.
죽음과 싸워본 사람은 알리라.
남아 있는 하루하루가 얼마나 소중한지를…

시선집 「옛집」은 숱한 추억이 살고 있는 곳,
기억은 늘 그곳으로 기울어 있다.
아궁이, 장죽, 절구, 펌프. 놋쇠화로, 사기등잔…
이 친숙한 풍경은 지워지고
대나무와 잡동사니가 빈집을 지키는 그곳에 서서
아득한 옛집을 바라본다.

그동안 용기를 북돋아 주신 선생님들,
부족한 시집을 읽어주신 독자에게 감사하며
산재되어 있는 시를 정리하는 마음으로 시선집을 엮는다.
힘이 다하는 날까지 정진하겠다는 다짐이다.

2014. 가을

전영모

CONTENTS

2부

3부

4부

5부

부

옛집 / 콩밭 / 짝꿍 / 어머니 / 물레 / 다용도실 / 향수 / 집행관 / 엄니 / 고향 · 1 / 어머니의 손맛 / 약손 / 어머니 냄새 / 어머니의 방 / 밥 한 그릇 / 달콤한 거짓말 / 죄송합니다 / 주인도 많다 / 그을음 부엌 / 우리 집 옥상

옛집

시간의 뼈만 남았다

여덟 살 되던 해
홍역으로 떠난 동갑내기 조카
그 웃음소리가 마루 끝에 웅크리고

민들레 뜯던 꼬막손
뒤꼍에 토끼똥 같은 추억이 남아 있다
바구니에 담긴 들판의 추억도
이제 빛이 바랬다

여름 저녁 안마당에 깔린 멍석은
둘둘 말려 헛간에 걸리고
기억은 모닥불에 구운 감자처럼 까맣게 그을렸다

대나무 숲이 우거진 옛집
빈집을 지키던 대나무 고개를 살래살래
옛일은 모두 잊었노라 한다

콩밭

건넌골 산소 아래 콩밭 한 뙈기
할아버지는 아직 그 콩밭을 떠나지 못하고
아침저녁 뒷짐 지고 둘러보신다
손자들 오기만 해종일 기다리며
잘 여문 콩밭두렁에 앉아 있다

바람에 출렁이는 푸른 콩밭
생전에 콩꼬투리 콩알처럼 주머니에서 꺼낸 이야기
올해도 주절주절 잘 여물었다

뙤약볕 아래 밭 매는 어머니
비지땀에 베적삼이 다 젖는다
콩을 터는 도리깨질 소리에
우리들은 시루에 담긴 콩나물처럼 잘 자랐다

당신 떠난 지 여러 해,
우리 집 콩밭
아버지와 어머니도 함께 꼭 잡고 계신다

짝꿍

수십 년 묵은 느티나무
속을 모두 내어주고 원통형 오목한 절구가 되더니
참나무 절굿공이 제 짝을 만났다

새집을 짓고 가장 먼저 집안에 들인 절구
불이 났을 때도 아버지가 가장 먼저 짊어지고 나갔다
연말에는 떡을 넣고 키로 덮어 절구를 재우고
정월에는 절굿공이로 가볍게 두들겨 절구를 깨웠다
떡을 치는 절구 소리에 농신(農神)은 우리 집에 찾아왔다

춘궁기엔
설익은 청보리도 받아먹던 절구
우리는 풋보리 갈죽으로 배고픈 봄을 넘겼다
어머니가 쑥을 찧는 날은
절구에 쑥물이 들고 집안 가득 향기가 넘쳤다
밀기울에 버무린 쑥개떡 한 조각에 헐렁한 허리춤을
추켜올렸다

층층시하 찌든 살림
어머니와 큰형수는 천생연분,
절구와 절굿공이처럼 짝꿍으로 살아왔다

이제 손때 묻은 절구와 절굿공이는 헛간에서 잠자고
어머니와 큰형수는 먼 길 떠나셨다

어머니

나를 낳은 지 52일 만에 남편을 잃고
해산 후 슬픔이 마르기 전에
논과 밭에서 허리 펼 날 없던 어머니
밤에는 베틀과 씨름하며
당신의 막막함 모두 잊고
자식들 배곯을 것만 걱정하셨다

가난을 피해 도망치듯
겨우 철이 들어 군에 입대한 나는
직업 군인으로 전국을 떠돌았다
월남전에 참전 후
살아 돌아왔다고 눈물 흘리던 어머니

손주 보고 싶어도
차멀미가 심하여 엄두도 못 내셨다
영관으로 진급하던 78년
아들이 진급하였다고 좋아한 것도 잠시
그해 3월 82세로 세상을 뜨셨다

가난한 촌에 시집 와
세 아들을 낳아 손발이 닳고, 눈물 마를 날 없이
38년을 홀로 살아오신 나의 어머니
저승에서나 편히 쉬시는지
불효자식 이제야 철이 드나 봅니다

물레

늦가을부터 겨울까지
밤마다 물레와 베틀에 매달리던 어머니

몇 대(代)를 이어 왔는지
찌그러진 물레
삐걱 삐걱 힘겨운 소리
오른손은 물레를 돌리고
왼손은 하얀 목화 한 송이 두 송이
하루는 씨앗을 골라내고
하루는 실을 뽑아냈다

실타래를 모으고 모아 베틀에 올린 후
낡은 베틀에 허리를 묶어 매고
발에 연결된 바디를 밀었다 당겼다
날줄을 아래위로 번갈아 벌리고
씨줄을 넣은 북통을 좌우로 촘촘히 엮었다

낡은 베틀은
삐걱 덜커덩 삐걱 덜커덩
한 자 두 자 무명천을 감았다
어머니는 물레였다

다용도실

아버지, 할아버지 그 이전부터
대대로 이어온 고향 흙벽 초가집
거기에는 안방, 건넌방, 사랑방
아래채에도 방이 하나 더 있었다

그중 사랑방은
큰 무쇠솥 걸린 부엌이 달려 있었다
그 솥은 물도 데우고 쇠죽도 끓이곤 했다
아궁이 바로 앞 외양간
누런 어미 소 한 마리
아궁이 쪽으로 머리를 내밀고 눈만 끔뻑거렸다

윗목에는 고구마나 알곡 통가리
그 옆엔 콩나물시루
누런 콩은 음표 같은 머리를 다투어 내밀었다

한 켠엔 가마니틀
왕골자리 만드는 틀
새끼 꼬고 멍석 만들던 사랑방

낮에 논밭에서 구슬땀을 흘리고
무더운 여름 저녁
마당에 모닥불을 피워 놓고 밤늦게까지 도란도란
멍석을 깔아주던 옛집
다용도실은 사랑방과 안마당이었다

향수

가난한 농가에서
삼형제 중 막내로 태어난 나
두 달도 되기 전 아버지를 여의고
홀어머니 밑에서
봄이면 농사일을 도우며 어린 조카들을 돌보고
들일을 나간 어른들을 기다리며
풀뿌리와 나물, 물 한 바가지로 허기를 달랬다

들녘 한 가운데 흐르는 실개천은
멱을 감고 소꼴을 베던 곳,
넘치는 매미와 풀벌레 소리로 주린 배를 채웠다

엄동설한 기나긴 겨울밤엔 새끼 꼬기, 멍석 짜기
가마니틀에 앉아 가마니 짜기로
가난과 맞섰다

전생에 무슨 잘못 있었기에
아버지를 일찍 여의게 되었는지,
산과 들의 넓은 품에 안겨 흙냄새 맡으며
호연지기 키우며 살았던 나
켜켜이 쌓인 슬픔을 들추며
이제는 옛날을 말할 수 있다

집행관

나 어릴 때 살던 초가삼간
사형집행관인 어머닌
아침과 저녁이면 앞산을 태웠다
때로는 검게 때로는 희뿌옇게
머리 풀고 바람 타고
잘 가겠노라 손 흔들며
나무들의 혼백들 아슴푸레 사라졌다

늦은 저녁
어머니의 눈물어린
김이 무럭무럭 나는 따스한 밥상
배고픈 것 참고
자식들 더 먹이려 하시던 어머니
아침이면 또 가난을 분질러 불을 피웠다

엄니

엄니는 늘 부엌에서 혼자 밥을 드셨다
한 번도 드시는 걸 보지 못했는데
항상 배가 부르다며
허리띠를 졸라 매셨다
맛있는 것을 혼자만 드시는 줄 알았다

어느 날 부엌에서 무얼 드시고 계시기에
숨어서 엿보니
밀기울 쑥범벅과 산나물무침
그리고 물 한 대접

때론
감자 보리밥이나 수제비나 칼국수를 해주셨다
철이 없던 나는 왜 늘
이런 것만 먹어야 하느냐고 투정했다

엄니가 드시는 것을 훔쳐본 후로는
끼니때마다 빈 그릇 하나 가지고 나와
엄니 나눠 먹자 하며 덜어내곤 하였다
그때마다 고개를 돌리고
한참 클 때이니 배곯지 말고 어여 먹어라 하시며
나는 이따 먹을 테니 내 걱정마라 하셨다

그리도 가난했던 어머니는
그때 큰 사랑을 일깨워 주셨다

고향 · 1

내가 살던 산골마을 건넌골
어렸을 때 산은 높았고 학교 가는 길은 멀었는데
크고 보니 낮은 산, 가까운 거리였네

벚꽃 만발한 이화산 고개를 넘을 때
숨이 턱까지 차오른다는 바닷가 목넘어골
뙤약골로 가기 전 넘어야 하는 엉성백이
볕이 따뜻한 양지마을 뙤약골
푸른 바다와 나루터를 앞마당으로 한 청산리는
조개와 낙지를 품은 갯벌이었네

상인들이 닷새마다 모여들던 원북시장
어머니 치맛자락 잡고 시장에 가면
먹을거리 구경거리도 많아
사 달라고 조르다가 꿀밤만 한 대 얻어맞고
눈요기로 입맛만 다시었네

방죽 안쪽 방죽 안마을
소원면 염전에 가기 전 꼭 거치는 동아메기 마을
5일마다 찾아가던 25리길 태안 장터
태안 장에 가다 소 물 먹이고 쉬어가던 신내 마을
가도 가도 먼 길 일몰에야 도착한다는 먼해 마을

새벽에 지게지고 산에 올라 땔감을 해오고

송아지를 팔러 시장 가던 일
들녘에 나가 새를 쫓고 소 풀 뜯기던 곳
어두워야 들일이 끝났네

그때 그 진저리치던 날들,
칠순이 되고 보니
괴로움도 새록새록 그리워지네

어머니의 손맛

가을에 수확한 콩을 삶아 만든 메주
곰팡이가 생기도록 띄워
정·이월에 장을 담그었다
정성어린 마음 듬뿍 담아
손맛을 우려냈다

봄에는 두부를 넣은 시래기 된장국
된장으로 주물러 만든 시래기 무침
냉이와 쑥된장국
간장에 버무린 달래 무침
여름엔 고사리, 취나물 등 산나물 무침
풋고추에 찍어 먹던 된장
가을엔 우렁 된장국
가을배추에 된장쌈

아무렇게나 주물럭대는 것 같은데도
된장과 어울린 그 손맛 누가 흉내내랴
나이 들어 더욱 그리운
어머니의 손맛

약손

어머니의 손은
항상 젖어 있었습니다

내가 아파할 때
깨어진 무릎에 된장을 붙여주실 때
무명 앞치마에 젖은 손 문지르고
이마에 손을 얹어 매만져 주시던 손

서리 내리는 늦가을에도
찬바람이 부는 엄동설한에도
찬물에 젖은 손 마를 날이 없어
항상 차갑던 어머니의 손

그러나 내가 배 아프다 할 때
문질러 주시던 손은
사랑으로 뜨거운 약손이었습니다

어머니 냄새

어머니는 모유로 삼형제를 키우셨다

브래지어 같은 것도 없어
축 늘어진 왜소한 젖가슴
먹는 것 부실하고 농사일에 치어
예쁘게 가꿀 수도 없었다
오히려 앞가슴 큰 것이 거추장스러웠다

그 젖가슴에 포근히 안겨
젖을 빨면 잘 나오지 않는다고
어머니의 젖을 물어대고 칭얼대던 나
한참 빨고 나면 쪼글쪼글 축 늘어진 젖

그 품에 안기면
스르르 잠이 오는
포근한 어머니의 냄새가 있었다

어머니의 방

안방에는 물레, 콩나물시루
물 줄 때마다 크기를 재어 보던 어머니
눈꽃 같은 흰 목화
한 광주리 따오면
씨앗 빼고 잡티 고르기로 밤을 밝힌 어머니

사랑방 부엌 가마솥에는 소여물이 끓고
참다못해 혀를 날름거리던
우리 집 누렁이 암소

낮에는 논밭에 나가 일하시고
밤에는 새끼 꼬아 가마니 짜신 어머니
눈이 침침해지는 줄도 모르고
어두운 등잔불 아래서
먼동이 틀 때까지 일하시던 어머니

어머니의 방에 살던 정겨운 소리들
물레소리, 콩나물시루 물소리가
어린 나를 먹이고 키웠다

밥 한 그릇

추석날 아침 차례상에
옛날 보리밥 한 그릇에 찬물 말아
푸성귀 몇 조각과
풋고추에 된장 찍어 먹던 생각이 올라앉는다

어머니는 진지 안 드세요?
됐다 어서 먹어라
나는 이따 먹을란다
부엌으로 들어가 물 한 사발 벌컥벌컥 들이켜던 어머니

철이 없어
맛있게 먹었던 보리밥 한 그릇
눈시울이 뜨거워진다

마음 한 자락 고봉으로 담아 진설한다

달콤한 거짓말

1
보리타작 하던 날
새벽에 골방 한 구석 밀주 항아리에서
젓내기 한 대접 퍼 마시고
그만 취해 잠들고 말았다

오후에야
간신히 한 발 두 발 걸어 마당에 나가니
큰형이 화를 벌컥냈다

큰형수께서
도련님 아파서 밥도 못 먹고
하루 종일 앓고 있었다고 변명해 준다
이때 나는 형수의 거짓말은
달콤한 밀주보다 맛있었다

큰형수님의 재치에
무사히 하루를 넘겼다

형수님은 지금쯤 하늘나라에서
무슨 거짓말을 또 하고 계실까

2
수학여행 비용은 쌀 두 되
백여 리 떨어진 예산군 수덕사

설레는 마음으로 그날을 기다렸다

먹고 살기도 어려운데 무슨 수학여행이냐
큰형의 청천벽력 같은 불호령
큰형수께서 눈짓으로
빨리 밥 먹고 시장 골목에 가서 기다리라 하더니
남모르게 쌀을 가지고 나와 안겨주셨다

차는 연탄 수송하는 화물트럭
차를 타 보는 것도 처음
트럭 적재함에 앉아
비포장도로를 달리는 차량의 흔들림에
멀미로 기진맥진했다

수덕사의 저녁밥은 뉘 투성이
이리 저리 골라 겨우 반쯤 먹고 나니
배에서는 꼬르륵 소리가 연속
수덕사의 밤은 왜 그리 길기만한지
다음날 경내를 구경하고 오후에 귀가하였다

큰형의 불호령에
이때도 큰형수는
'다들 다녀왔다'며 내편이 되어 주셨다

죄송합니다

마음은 항상 그곳에 가 있습니다
괴로울 때면 더욱 더 간절히 생각나는 곳
안산 산자락 동향 해바라지
세월이 가면 갈수록
낮아져 가는 뫼[墓]

할아버지, 할머니, 아버지, 어머니
살아 계실 때
허리 한번 제대로 못 펴고
가난과 싸우고 마음 졸이며 사셨는데

높아져만 가는 도심의 빌딩과
권력가나 재벌가들 조상의 호화로운 뫼
반면 더 낮아 보이는 조상님들의 뫼[墓]
이승에서 가난을 면치 못하셨는데
저승에서도 초가삼간이라니

한 평의 집(墓)마저 개축도 못해 드리고
문패도 못 달아 드렸는데
부모님은 저승에서 자식이
행복하게 살다 오라 빌고 계시겠지요
죄송합니다, 조상님들!

주인도 많다

대숲이 외딴집을 지키고 있다
집 주인은 간데없고
바람과 구름이 쉬어가고
소낙비도 한바탕 놀다가는 곳
잡초들이 문지방을 넘어 안뜰까지 차지했다
이름 모를 들꽃들도 집안으로 이주했다

어머니가 버선발로 뛰어나와 맞아주던 집
어머니는 오래 전 먼 여행을 떠나셨고
안마당 펌프는 녹슬어 간다
잉걸불을 품던 아궁이도 싸늘히 식었다

빈집에는 또 다른 주인이 있다
두더지는 땅 주인이라 외치고
마루에 앉은 고양이는 제 집이라 주장한다
지붕 위에서 집안을 내려다보는 까치
어쩌다 낯선 사람들이 제 영역에 들어서면
깍깍 으름장을 놓는다

알고 보면
잡초, 풀벌레, 참새와 까치, 고양이와 두더지…
모두가 빈집의 주인이다

그을음 부엌

굴뚝으로 역풍이 불면
아궁이는 들이마신 불을 토해냈다
그을음에 시커멓게 그을린 부엌
그럴 때마다 매운 연기에 눈자위가 붉어진 어머니와 큰형수
치맛자락에는 눈물 자국만 남아 있었다

부뚜막 큰솥 하나 작은 솥 하나
작은 솥에는 밥과 국을 끓이고
큰솥에는 허드레 물 데워 쓰고, 맷돌에 콩을 갈아 두부 만들고
큰 시루 엎어 시룻번을 두르고 떡을 쪄냈다
먼지 부연 가마솥 뚜껑
피마자기름을 발라 번질번질 윤이 흘렀다

늦은 저녁 찌그러진 양은냄비에
부글부글 끓던 구수한 된장찌개
냄새를 따라가면 형수가 숨죽여 울고 있었다
밥물이 끓어 넘칠 때 밥솥도 울었다
부엌을 기웃거려도 형수의 슬픔 속으로는 들어가지 못했다

좁디좁은 재래식 부엌
큰형수가 마음 놓고 울 수 있던 공간
거멓게 그을린 벽은 형수님 가슴팍 같았다

이제 그 부엌은 사라졌고
어머니와 큰형수도 먼 곳으로 떠나셨다

우리 집 옥상

아침에 옥상에 올라
앞을 내려다보면 약수동 일대가 단숨에 달려온다
뒤편엔 남산이 배경처럼 우뚝 서 있다

흐드러지게 핀 벚꽃을 지나
푸른 숲의 매미소리
활활 타오르는 가을을 통과하면
눈 고깔모자 쓴 남산이 의젓하다

녹색바람 불어오면
매운 고추에 붉은 물이 들고
가을배추도 살이 오른다

도시의 공간
지친 하루해가 서산으로 넘어가면
그 자리에 누워 바라보는 밤하늘
풀벌레 울음 장단 맞춰
무수한 별빛이 옥상으로 내려온다

구름이 흘러가고 바람이 스쳐 지나가는 곳
나는 그곳에서 하루를 설계하고
막힌 숨을 토해 놓는다

2부

그늘 / 송편 / 삼(대마초) / 장터 풍경 / 보리밥 / 누구였을까 / 해산 / 애장 / 놋쇠화로 / 때늦은 편지 / 태안 어리굴젓 / 홍시 / 뫼[墓] / 갯벌 / 순서(사촌형을 보내면서) / 공덕사(功德寺) / 마중물 / 지팡이 / 가을엽서 / 밝은 세상 / 할머니의 십자수

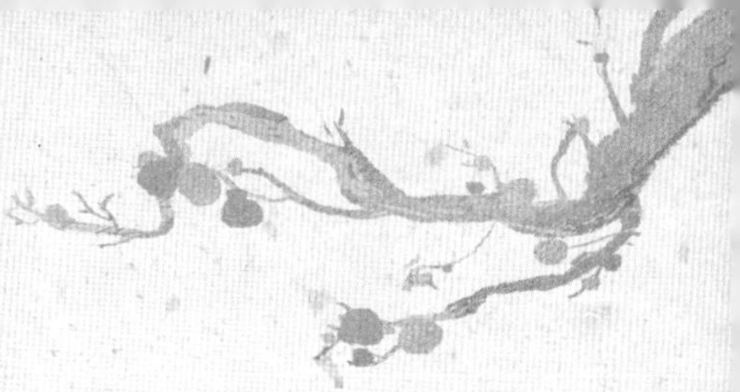

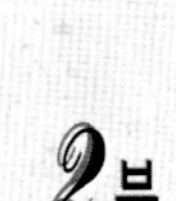

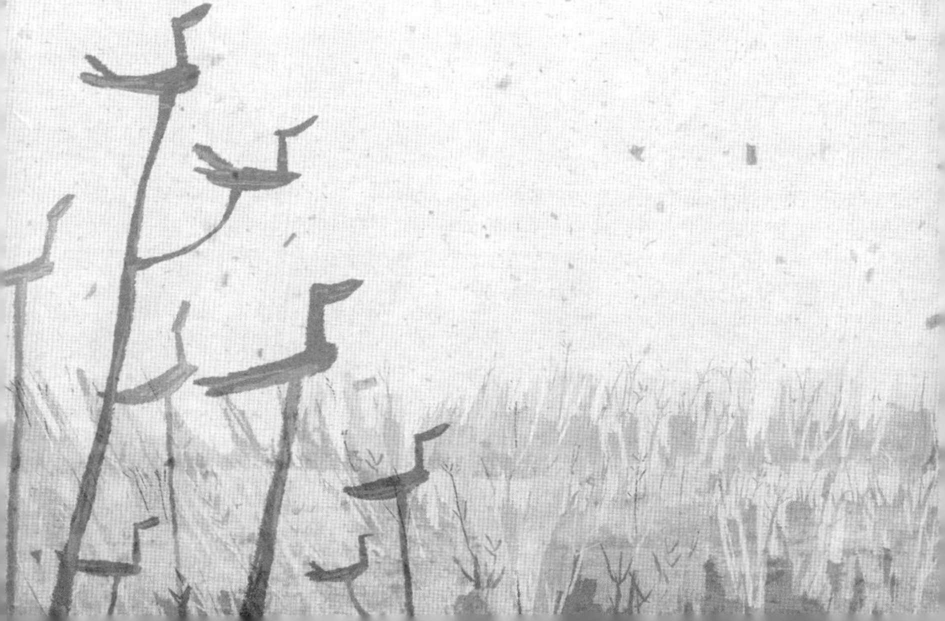

그늘

동네 어귀
삼백 살 자신 느티나무 노인이 살고 있다
나이테만큼 품을 늘린 정정한 나무
둥지를 품고 가족을 늘려간다
나뭇가지에 열린 새소리에 갈수록 그늘이 무성한데
그늘을 깔고 앉은 노인들은 등이 굽었다

사람의 몸에도 그늘은 자란다
얼마나 많은 근심을 다 부려놓아야
검버섯 피는 그늘이 가실까

육십 번 강산이 바뀌는 동안
하나 둘 떠난 빈자리,
느티나무를 한 바퀴 돌아 꽃상여가 떠나갔다

슬하에서 자란 어린것들
부모의 그늘을 벗어나 타지로 멀리 날아갔다

느티나무 그늘에 지팡이를 내려놓고
오지 않는 소식을 기다리는 노인들
삼백 살 느티나무 어르신처럼
생각이 한 아름이다

송편

어머니와 형수는 소반에 둘러앉아
도란도란 정담 나누며
햅쌀가루로 빚은 송편에
가족들의 소원이 섞인 소를 가득 담아
손 지문 꾹꾹 눌러 찍어 반달 같은 송편 만드셨다

저녁 무렵
채반 가득 송편 내음 집안 구석구석 배였다
솥에서 꺼낸 뜨거운 것 하나
날름 집어 들고 호호 불며 먹다가
꿀밤도 하나씩 같이 먹었다

조상님께 드릴 것 챙기지도 않았는데
호통 치시던 어머니
늦은 저녁에나 먹었던 몇 알
어머니의 정성이 담긴 반달 송편
그날 밤 보름달을 보았다

한가위만 되면 어머니가 만들어 주시던
송편 생각이 스멀스멀 떠오른다

삼
—대마초

한때 농촌 어디서나 볼 수 있었던 삼
봄부터 여름까지 짧은 기간
대나무 같이 자라 머리는 하늘을 찌를 듯
너의 무리 안에서는 모기가 숨바꼭질을 하고 있었지

한 더위가 끝날 무렵 싹둑 잘려
다발 다발 묶어 지게에 짊어지고
냇가에 걸어 놓은 드럼통 솥에 찜질 목욕을 시켰지

냇물의 찬물에 샤워 시켜 집으로 가져오면
물에 젖은 옷을 벗겨
속옷만 갈기갈기 찢어 햇볕에 말린 후
한 가닥씩 무릎에 대고 비벼 이어 긴 올로 만들었지
어머니와 형수의 무릎은
삼 때와 침에 시커멓게 물들고
찍찍 갈라져 피가 흐를 때도 있었지

이어진 올은 연한 불을 쬐며 풀을 먹여 빗질하여
덜커덩 덜커덩 소리나는 베틀에서 천으로 변신
장날 이고 나가 팔기도 하고
여름에 시원한 베잠방이와 이불도 만들고
死者의 옷을 만드는데 쓰기도 하였지

70년대 후반부터 한때는 나일론에 밀리고

싸구려 중국산이 몰려와
급격히 삼밭이 줄었지
천을 만들기까지 번거로움
대마초로 분류되어 통제하기 때문에
보기 힘들어졌지

장터 풍경

닷새마다 열리는 시골 장터
아침 일찍 트럭들이 몰려든다
열 시경 짐 풀어 놓고
늦은 아침과 이른 점심 먹느라 해장국집은 문전성시

어미와 떨어지지 않으려 울부짖는 송아지
대장간 대장장이 이마의 땀방울이
뚝배기로 흘러내리고
장터 한 켠 이용소 이발사의 넋두리
호루라기 소리와 함께 터지던
뻥이요!

콩이며 팥이며 푸성귀 팔러 나온 농부의 아낙네들
줄지어 앉았고
닷새 만에 만난 사돈들 막걸리 한판
선술집과 국밥집엔 농부들의 넋두리가 넘쳐흘렀다

저녁 무렵
“자! 마지막 반에 반값이요” 외치는 소리에
시골 장터의 하루가 저물었다

보리밥

건강식과 별미로 변한 보리밥

4, 50년대 배고팠던 시절
꾹꾹 눌러 고봉으로 담은 꽁보리밥 한 사발
양푼에 밥과 열무김치
된장에 풋고추 찍어 먹으면 진수성찬
우물물 한 대접 마시면
구부러졌던 허리 벌떡 일어섰다

왜 그리 빨리 배가 꺼지는지
먹고 돌아서면 또 배고팠다
물 한 대접 더 마셔도
해는 중천에 떠 있다
배 꺼진다 그만 뛰어라 하시던 어머님

그 보리밥과 열무김치 가끔 생각날 때
시장 보리밥집엘 간다
그러나
그 옛날 어머니가 해 주시던 그 맛이 아니다

누구였을까

느닷없이 세무직원이 들이닥쳤다
집에서 술 담그는 것이 불법이었던 시절
양조장 도가에서 술은 사 오지도 않는데
형은 늘 취해 있었으니
누군가 세무서에 고자질을 한 것

우리 집 대나무 숲은 대나무 숲이 아니다
술 단지는 항상 그 품안에서
이곳저곳을 전전하며 숨었으니
그 숲속은 형이 즐기던 술 단지의 은신처
세무직원과 술 단지는 술래잡기를 계속한다

대나무는 모른 척 시치미를 떼고

해 산

칼바람 몰아치는 겨울
벌거벗은
봄을 꿈꾸며 단잠에 빠져든다

봄엔 잎 피고
가시송이를 품에 안아도
청설모와 다람쥐가 단골이다
밤송이는 황금알로 속을 채운다

한여름 따가운 햇살을 머금고
마침내 산달이 되어 해산을 시작
신음소리 듣고
청설모와 다람쥐가 부산하다

차디찬 바닥에 누운 황금알
수확은 짐승이 먼저
사람은 맨 마지막이다

애장

홍역하다 죽은 여덟 살 동갑내기 여조카
홍역이 돌고 있으니 아이들 잘 살피라 하시던
시어머니 말씀 깜박 잊은 며느리
홍역에는 금물인 단 음식
식혜를 먹고
열이 치솟아 숨이 막혀 죽었다

형은 보기 싫다 집에 들어오지 않고
형수는 눈물바다
옆집에 사는 육촌형을 불렀다
오자마자 가마니 하나 꺼내 낫으로 쭉쭉 찢더니
조카를 가마니에 둘둘 말아 지게에 지고 나가며
조카가 신던 신을 들고 따라오라 했다

2킬로나 떨어진 외진 산골 양지바른 곳에 묻고
굵은 돌로 빈틈없이 눌러놓았다

죄인 같아 숨죽인 채 몇 달을 지냈다
몇 년이 지나니 그 자린 흔적도 없고
억새와 칡넝쿨만 무성하였다

놋쇠화로

불씨가 꺼지면 복이 달아난다던 그 시절
방마다 화로가 놓여 있었다

아침 저녁 아궁이 잉걸불을 품던 화로
안방 화로는 인두를 품고
부젓가락은 불씨를 뒤적거렸다

헛기침과 장죽이 살던 사랑방
사랑방 화로는 할아버지 차지였다
장죽에 불을 붙여주던 화롯불
불씨가 꺼지면 불호령이 떨어졌다
장죽이 탕탕 화로를 두드리면
안절부절 고달팠던 맏며느리

매운 시집살이도 잿불에 묻어 두고
겨울밤 언 손을 펼치며 둘러앉던 가족들
옛이야기도 모두 화롯가에서 살았다
노릇하게 익어가던 밤, 고구마
그 다디단 맛이 지금도 혀끝에 남아 있다

불호령과 장죽, 재떨이는 어디로 갔을까
벼룩시장
불기가 사라진 놋쇠화로가 주인을 찾고 있다

때늦은 편지

이제야 철이 드나봅니다
어머니 살아계실 때
철없는 아이였는데,

어버이날
카네이션 한 송이 받고 보니
어머니 왼쪽 가슴이 텅 비었다는 걸
이제 알았습니다

뒤늦게 깨달은
당신의 크나큰 사랑
가르쳐 주신 따뜻한 손길

늦게나마 감사합니다
사랑합니다

태안 어리굴젓

태안에 사는 조카한테 걸려온 전화 한 통
자연산 생굴을 조금 보냈다 한다

이튿날 택배가 왔다

3킬로그램이 넘었다
우선 한 대접 덜어
물회 만들어 술안주로 훌훌 마셨다

남은 굴은 깨끗이 씻어 물기를 빼고
갖은 양념에 버무려 젓갈을 담갔다

새콤하게 익은 바다의 우유
밥도둑이다

홍시

따사로운 봄볕을 받으며 꽃피고 열매 맺더니
푸른 잎 속에 꼭꼭 숨어
파란 열매가 탱글탱글 여물었다

바람이 살랑살랑 잎을 들추니
틈 사이로 살포시 내밀던 얼굴
볕을 쬐고 볼이 붉어졌다

늦가을 그 많은 나무의 농사는
사람의 몫이다
까치밥 하나 달랑 남겨두고
나무는 빈손이다

바람에 말린 곶감
제상에는 제일 앞줄에 선다

어머니는
한겨울 독에서 홍시 하나 꺼내
늦은 밤 나에게만 몰래 주시곤 하였다

뫼[墓]

달리는 차창 밖으로 스쳐가는
봉분이 높고 화려한 것과 봉분이 낮은 묘들
누구의 것이며
어디서 무엇을 하다간 사람인가
잘 다듬어진 비문은
명성을 떨쳤던 자인가
생전에 소작농을 울렸던 부자인가

명당에 조상을 모신 덕에 후손이 번창해서
죽어서도 그 위엄을 과시하고 있는 것인가

그늘진 계곡의 한 구석, 이 뫼는 누구의 것이기에
납작하게 엎드려 있는가
아니면 소음이 심한 도로변
그 후손은 있는지 없는지 잡초만 무성하다
죽어서도 초라한 뫼

우린들 후일을 알 수 있겠는가

갯벌

짭짜름한 갯내음
가슴 한껏 들이마시며
썰물 때만 기다리는 바닷가 아낙네들

바구니와 호미만 만지작거리며
삼삼오오 모여 앉아 수다를 떤다
게를 잡을까
굴을 딸까 고동을 딸까
갯벌에 빠진 발
힘겹게 한 발 한 발 내디디며

도망가는 게를 쫓고
게 구멍을 호미질 해댄다
갯바위를 뒤집어
고동을 따고 굴을 쪼아대며
힘에 겨워도 욕심을 버리지 못한다

얄궂은 해는 저만치 달아난다
밀물이 엉덩이 가까이 밀려오면
서산마루 뉘엿뉘엿 지는 해를
지고 끌고
갯벌을 빠져나온다

순서

—사촌형을 보내면서

내가 암 투병으로 괴로워할 때
본인이 먼저 가야 순서인데 하시더니
나는 이제 나았는데
서둘러 가시는 형님

남은 짐들
후영, 길영이 결혼식 문제
장애가 있는 막내 완영이 생계문제
태산 같은 짐
그 무거운 짐을 지고 먼 길을 가시렵니까

이승에서 못다한 행복은
저승에서 다 누리시고
남은 가족들 내려놓고
편히 가십시오, 형님!

2008년 10월

공덕사(功德寺)

태안읍 공덕사
충남 태안군 남면 당암리 외사촌 형수
49일째 그곳에 잠들고 있다

주지스님의 독경소리 들으니
삶의 허무가 밀려온다
두 시간 제를 올리니
형수의 혼이 깃든 영정이 밖으로 나간다

나 역시
언젠가는 가야할 길이다

마중물

마른 펌프에 붓는 한 바가지 물
펌프가 입을 적시는 소리에
땅 속 깊이 고였던 어둠이 출렁거리고

아버지는 나의 마중물
그 마중물의 힘으로
45세 어머니의 몸에서 늦둥이로 솟아났고
아내도 나를 만나
자식 셋을 퍼올렸다

시를 끌어올리려고
날마다 책을 뒤적인다
사유는 고갈되고 원고지는 텅 비어 있지만
다시 힘차게
생각을 끌어올리는 마중물

지팡이

남산 성곽 언덕길
지팡이를 짚고 오르는 곱사등이 할머니
지팡이가 먼저 앞서고
느린 걸음이 뒤따라 길을 감는다

넉자 지팡이에 의지하는 할머니
세 발로 걷는 저 불안한 걸음
숨 가쁘게 지나간 생의 그늘이다

나도 두 발로 길을 감는다
감고 또 감으니 가야할 길이 짧아진다

할머니와 나는
남은 길보다
걸어온 길이 더 길다

감긴 길들은 두 사람의 뒤로 길게 풀린다
누군가 그 길을 걸을 수 있도록

가을엽서

늦가을에
어김없이 배달되는 엽서들
길은 온통 우체통이다

발신인 주소와 수신인 주소도 없는 계절이 쓴 편지
북풍이라는 집배원이 수신인 찾아 골목 골목
바쁘게 뛰어다닌다

가방에 넘치는 우편물
골목마다 떨어뜨린 가을엽서
울컥 눈물이 쏟아질 것 같다

매년 가을 잘못 배달된 우편물 소동으로
골목은 시끌벅적
골목에 떨어뜨린 엽서와 잘못 배달된 엽서는
쓸어 모아 비닐봉지에 포장하여 반송한다

밝은 세상

두 개의 기둥과
두 개의 창문을 늘 가지고 다닌다
그 창문을 넘어가니
세상이 밝다

신기한 재주꾼
글자를 뻥튀기고
바늘구멍 같이 작은 것도 크게 늘인다
가고 싶은 곳이면 어디든지 데려가 준다
그 집에서 밝은 세상을 볼 수 있어
순간 십 년 전 젊음으로 돌아갔다

내 얼굴과 귀에 매달려 있던 두 개의 기둥
어느 날 한쪽 기둥이 부러지니
희뿌연 창문 두 개도 닫히고 말았다
어두운 책상 서랍에 갇히면서
내 몸도 함께 기울어졌다

어둠에서 그를 꺼내
사거리 현대안경점에 다녀왔다
기울어졌던 내 몸도 함께 곧추섰다

할머니의 십자수

지하철 경로석
은갈색 머리
팔순은 되어 보이는 할머니
커다란 뿔테 돋보기안경 쓰고
한 땀 한 땀 십자수를 놓고 있다

잘 보이시느냐고 물으니 안경테 너머로 힐끗
나, 아직 젊다고 한다
눈길을 주지 않고 손은 계속 움직인다

무엇이든 정신을 집중시키면
세월 가는 것도 잊을 수 있다 한다

짧은 동행
짧은 대화
할머니에게 한 수 배웠다

황천길 다녀왔네 / 오뚝이 인생 / 그림자 / 꿈속에서 / 이제는 / 밥 한 끼 / 술국을 끓이며 / 서커스 인생 / 거울 / 병상에서 / 중환자실 / 빈자리 / 붉은 꽃 / 동행 / 환자와 의사 / 신음 소리 / 깡통 / 뼈(물 · 1) / 이무기(물 · 2) / 가위눌림 / 나무늘보의 철학 / 모슬포 김씨 부부 / 마장동 475번지

황천길 다녀왔네

저승으로 가는 길 멀다 하지만 가깝더라
검은 옷 입은 저승사자 날 데려갔지

황천 문턱 넘으려다 입직명부 열람하니
출생지 생년월일 전혀 다른 동명이인

저승사자도 깜짝 놀라 당황하는 얼굴빛
황제에게 물어보고 실수하지 마라 일렀다

황천의 문앞은 지상의 대낮
되돌아오는 길은 양옆 꽃길 고속도로였다

오뚝이 인생

78년과 88년 두 차례 우 반신 동맥경화
겨우겨우 2차 시험에 합격
3수까지는 가지 않겠지 싶었는데

2006년 3월 위암이라는 시험지를 또 받았다
항암주사 열여섯 차례
운동과 음식조절로 답안을 작성
아직 할 일 많아 그 길을 택하지 않겠다고
막 답안지를 제출하고 한숨 돌리려 하는데

그래도 답안지 내용이 부실한지
집요하게 4수를 해야 한다 하네
10월에 비장암, 12월에 급성폐렴
시험이 점점 어려워 2개월여 동안
저승의 문턱까지 다녀왔지

그렇지만 내 의지와 인내심을 가상히 여겼음인지
질긴 운명을 연장해 주시더군
또 시험을 보라 하시면
미련 없이 의연하게 받아들이고
오뚝이 정신으로 다시 일어설 수 있었지만
다시 수험생이 되지 않았으면

훗날 그냥 백지를 내고
하늘 문 대학 합격하고 싶네

그림자

칠십여 년을 함께한 너
언젠가 널 멀리하게 될 때도 잠시 있었지만
그때도
너는 나를 배반하지 않았지

늘 좋은 친구
캄캄한 밤 별빛만 있어도
어두운 방안에 촛불만 있어도
너는 나를 떠나지 않았어

그때가 언제일지는 알 수 없지만
내가 이승을 떠날 때
우리 인연은 끝나겠지

수고 많았다
그동안 고마웠다
그때 한마디 할 것이네

꿈속에서

얼굴이 잘 떠오르지 않는 소년 하나가
뒤도 돌아보지 않고 달리기에
뒤를 따라 달리다 지친다

개울물 꽁꽁 얼어붙은 겨울
아기 업은 낯선 여인을 만났다
대여섯 살 동자 두 명도 보인다
아기 업은 여인이 무슨 잘못 있기에
겁에 질려 달리느냐고 묻는다

내 뒤를 따르던 남자도 도착하여
왜 그리 달렸느냐고 묻는다
앞에 사람 따라 달렸다 했더니
그 역시
너희들이 달리기에 따라 달렸다 한다

동자들이 말한다
아줌마는 저녁마다 얼음지치기를 하고
저녁 늦게 어디론가 간다 한다
아기 엄마에게 이유를 물으니
마땅히 갈 곳도 없고, 일할 곳도 없어
밤이면 밤마다 얼음지치기를 한단다

어느새 동자들이 보이지 않는다

나를 따라 달려온 남자도 보이지 않는다
아기 업은 여인이 말하기를
세상이 험하지만 두렵게 살지 말라며
내가 사는 것을 보여줄 테니 따라 오라 한다

아기 업은 여인도 보이지 않는다
나는 얼음판에 홀로 남아 있다

이제는

양평 소리산 산행길
산 능선에 수평으로 비스듬히 누워
모진 세월을 이겨낸 소나무 한 그루

어머니는 낮에는 들일 밤에는 길쌈
자식들 돌볼 겨를 없었으니
행색이 초라한 나
동네 또래들로부터 놀림 대상
천덕꾸러기로 서러움도 많았다

가난과 배고픔의 시달림은 두 번째
멸시와 놀림 속 어렵게 살아온 나이지만
의젓하게 자수성가 하니
그 사람들 이제는 나를 칭찬한다

어렸을 적 볼품없던 소나무
그늘에 찌들고 세파에 시달릴 때
산새들도 외면하더니
역경을 이기고 몇 십 년
의젓한 소나무로 성장하니
이제는 산새들도 짝을 지어 찾아와
흥겹게 노래하며 노닐고
등산객도 소나무에게 배경이 되어 달라한다

밥 한 끼

장충공원에 모인 노인들
젊음을 다 바친 얼굴에는 검버섯이 피었다
팔다리도 가눌 수 없어 비틀거리는
노약자의 나날
실직자의 나날

삼백여 명이 점심 한 끼 먹으려고 땡볕에 줄을 선다
밥이 오려면 아직 멀었는데
줄은 더 길어지고
냄새를 맡은 남산의 고양이와 비둘기 떼도
이곳으로 모여든다

식판에 수북한 밥
누군가 구구구 비둘기 떼를 불러 모아
밥 한 숟가락 던져준다
살기 위한 사투
한 알 더 먹으려고 여러 놈이 한 놈을 쪼아댄다

힘이 드는 공짜 밥 먹기
그림자에겐 태양도 모르는 슬픔이 있다

술국을 끓이며

눈 내린 오후
막걸리 안주로 묵은 배추김치 송송 썰고
싱싱한 굴을 넣은 다음
생새우 몇 마리 넣고 가스 불에 올렸다
냄비는 보글보글 소리 낸다

국이 끓기도 전
막걸리 한 대접 따르고
국물 한 숟가락 먹어 본다
막걸리를 들이켠 후
국 한 그릇 게 눈 감추듯 먹었다

문득 어머님이
청산리 앞 바다에 나가 굴을 따서
김칫국을 끓여주던 생각이
대접 가득 차올라 목이 메었다

서커스 인생

산다는 것은 서커스와 같다
아슬아슬 살얼음
한발 내디뎠다가 뒤로도 가고
다시 앞으로 가보고

대둔산 구름다리와 삼선계단에
매달려 내 뒤안길을 돌아봤다
계단이 무너지지 않을지
구름다리가 허공으로 내려앉지나 않을지
한발 한발 건너며
지금까지 서커스 하듯 힘들게 걸어온
내 여정을 돌아보았다

이래도 한세상 저래도 한세상
노랫말처럼 살아온 내 인생
그냥 이대로 병들지만 말고
남은 인생 곡예 추락하진 말아야지

거울

만공 스님이 거울을 보며
칠십여 년 간 너와 동행했지만
이제 너와 헤어질 때가 되었구나 하는
구절을 읊으며

세면장에 있는 거울을 보니
뒤편 깊숙한 그 속엔 또 하나의 내가 있다
면도하고 칫솔질
세수하고 머리 빗을 때
하나도 빠뜨림 없이 똑같이 따라한다

이제 내 나이 칠순이 훌쩍 넘어
혀도 어눌해지고, 눈도 침침해지고
걸음도 느려졌나

너는 나를 닮지 말라 일렀건만
너는 여전히 나를 흉내 내는구나

나는 아프면 병원으로 가지만
너는 그곳까지는 갈 수 없구나

이제 이별할 때가 가까워진 것 같다

병상에서

보훈병원 신관 6213호
어제 들어온 옆 자리의 종양 환자
밤새 방귀만 뿡뿡, 고래고래 소리 질러
시난밤 잠을 설쳤다

머리 위에 있는 소등(小燈)을 켜고
장편소설 "천년의 사랑" 몇 쪽 읽었다

누구나 나이 들면 아픔이 따르는 것이 절차인가?
밤새도록 신음하던 환자들
죽기 싫어 전전긍긍하다가
힘이 쇠진되어 새벽녘에야 간신히 잠을 눕혔다

아마도 꿈속에서
모든 잘못을 용서해 달라 빌었겠지
삶은 나만의 것이 아니라 가족을 위한 삶이었을 텐데,

구차하게 살고 싶다 애원하던 삶들
개똥밭에 굴러도 이승이 더 나은 모양이다

중환자실

저승에 든든한 빽이라도 있는 건가
먼저 가려고 줄지어 기다린다
한 사람이 떠나면 그 자리
대기자가 밀고 들어간다
기다리다 지친 사람 얼마나 바빴는지
가끔은 새치기도 한다

병실 밖, 가족 대기실
한 사람이 먼 길 떠나고
다른 한 사람이 들어오니
대기실도 밀물과 썰물같이 바뀐다

한번 썰물이 되면 영영 돌아올 수 없는 길
영혼은 하늘나라로 번서 보내고
빈 몸뚱이는 허수아비처럼 그들만의 장소로
뒤도 돌아보지 않고 훨훨 떠나간다

중환자실
하루에도 몇 차례 밀물과 썰물이 교차된다

빈자리

한 사람이 떠나고
그 자리엔 다른 사람이 찾아오고,

또 다른 이름이 왔다가 떠나기도 했지만
그 자리엔
여전히 떠날 준비를 하는
또 다른 사람이 있다

준비된 자는 떠나고
새로 온 자는 떠날 준비를 한다

빈자리는
다시 채워진다는 것을 의미한다

붉은 꽃

심지 않은 썩은 종자
몸에 기생하는 종자가 있는지 궁금하여
전문가를 찾았다

나흘 전부터 음식을 가려 먹고
검사 전날은 흰죽을 먹으란다
당일 새벽
장 세척제 4리터와 생수 2리터를 먹었다
부글대는 창자
5분마다 드나드는 화장실
힘이 쫙 빠진다

대기실에서 기다리는 초초한 시간
3번 내시경실 딱딱한 시트에 올라가 구부리고
아랫배를 당기며 옆으로 누웠다

장에 조영제를 넣고 내시경을 넣는다
옆으로 누운 채 모니터에 시선을 집중한다
붉은 홀 안에 녹두알만한 것이 네 개나 보인다

언제부터 기생하고 있었는지
붉은 꽃이 피었다
양성이냐고 물었더니
조직검사 해봐야 한단다

며칠 후 위내시경 검사도 했다
결과는 모두 정상

며칠 동안 간이역에 혼자 누워
지친 구름을 보는 듯했는데
그만 슬며시 꽃이 지고 말았다

동행

허락도 받지 않고 무단 침입한 뇌경색
두 번의 바람
두개골 속에 두 개의 흔적을 남기고 떠났다
나는 평생 그 흔적과 함께 살아야 한다

위암 수술을 받으며 고엽제 후유의증* 판정을 받았다
그제야 내게 들어왔던 바람의 정체를 알았다
여섯 달 후 비장암, 또 두 달 후 급성폐렴
모두 강한 바람이었다

공중에서 농약 뿌리듯
안개비처럼 살포하던 고엽제
월남전에 참전했던 전우들
후유증에 많은 자가 죽고
2세는 장애자와 병자로 살아가고 있다
고엽제병에 걸린 전우들은 낙엽 마르듯 말라가고
가족들도 같이 말라간다

나는 다행히
고엽제로 얻었던 큰 병마는 몰아냈다
의사는 두개골 속 흰 반점 두 개와
고엽제 후유증과 평생 동행해야 한단다

* 고엽제로 인한 병으로 인정은 하면서도 상이로 판단할 수 없다는 질환

환자와 의사

병원을 찾았다
의사가 진단 후
수술을 해야 한다며 재발할 수도 있다 한다

환자 왈,
모두 죽지 않고 치료된다면
지구는 폭발할 거라고 대꾸하니
의사 왈,
의사는 왜 죽느냐고 반문하며
아직 죽을 사람이 아닌데
누구는 의사 잘못으로 죽었다고 하더란다

환자 왈!
인명은 재천이라 하니
의사 왈!
그 하늘이 의술이라고 대답했단다

나는 의사에게 여생을 맡기기로 하였다

신음 소리

어느 병상의 환자
고래고래 소리 지르며
간호사를 부르고 또 부른다

암 말기 환자
허풍인지, 의욕 상실인지
항암 주사를 삼십 대 맞았다고
의사가 치료를 중단했다고 욕을 한다

잠시 후, 간호사가 달려온다
이년 전 입원 시 항암주사 여섯 번
그리고 못 맞겠다고 중단 퇴원
이제는 전신에 퍼져 회생 불가라는데

환자에게 통증 완화 마약 주사뿐
보호자도 간병인도 없다

환자는 그날 밤, 옷에 볼일 보고
날이 밝기도 전에 집에 갈 준비를 서두른다

아마도 이 모습이 마지막이 아닐는지.

깡 통

마트에서 통조림 한 개를 들고 유효기간을 살폈다
아직 한 달이나 남았다
흔들어 보니 소리가 나지 않는다
속이 꽉 찼다

집에 와서 뚜껑을 따보니
남쪽바다가 들어 있다
그 숱한 기간을
공기도 통하지 않는 좁은 공간에서 누구를 기다렸을까

비린내 나는 바다와 고등어
우거지를 깔은 냄비에 반 정도 비웠다
그리고 남은 것은 뚜껑을 꼭 닫고 흔들어 보니
바닷물이 출렁이는 소리가 들린다
이 소리는 덜 채워진 깡통의 소리

다음날
바다와 고등어를 다 비우고 두드리니
요란한 소리를 낸다
속이 빈 것들이 더 시끄럽다

뼈
—물 · 1

물에도 뼈가 있다
물 먹고 체하면 약도 없으니 천천히 씹으며
마시라고 했다

학교에서 땀 흘리며 돌아왔을 때
어머니가 떠 주시던 물 한 대접
산 정상에서 마시는 시원한 물 한 컵
하산길 약수터에서 마시던 물 한 바가지에
지친 내 허리도 펴졌다

가뭄에 거북이등처럼 갈라진 논바닥도
한여름 소낙비에 휘어진 척추를 곧추세웠다

두벌 논매기 바지고
새참으로 삶아온 퍽퍽한 감자를 먹다가
한 바가지의 물로 목이 탁 트였다

무척추동물처럼 산모롱이를 휘휘 감으며
구불구불 달리고 뛰어내리던 물
길을 잃으면
한 마을을 두 마을로 갈라놓고
도심을 흙더미로 덮어 버린다

뼈가 없는 듯하면서도

억센 뼈를 가진 물
가끔 물이 사람을 다스린다

이무기
—물 · 2

산골짜기에서 나타난 꼬리 긴 이무기 한 마리
유연한 척추를 자랑하며
첩첩 빌딩 숲 서울 한복판을 휘돌아 헤엄친다
때로는 급한 걸음
때로는 느릿하게
돌에 부딪치고
낭떠러지는 뛰어내리고

사방에서 모여들고
몸을 섞어 유유상종 집성촌을 이룬다

좁디좁은 골목을 수없이 넘나들며
넓고 깊은 큰 세상을 찾아
몇 날을 헉헉대며 달려간 그곳

더 이상 갈 수 없는 종착지
짜디짠 소금물에 정신을 잃는다

햇볕에 눈을 부릅뜬 이무기
바람 타고 하늘로 오른다

가위눌림

2012년 봄은 유난히도 지루했다
저녁마다 세 시간 밖에 잠을 못 잤다
피가 마르고
고꾸라질 것만 같았다

눈만 감으면 찾아오는 저승사자

나는 말했다

아직 준비 안 됐네
그대 따라가려면 봄을 몇이나 더 보내야 할지
지나온 삶 정리하면
연락할 테니 서두르지 말게

나무늘보의 철학

서울대공원 두발가락나무늘보가 살고 있다
서둘러 사진을 찍는다

코스타리카에서 입양한 늘보
발톱은 7센티미터
나뭇가지에 어울리는 편리한 손발 덕분에
거꾸로 매달려
공 모양으로 몸을 잔뜩 웅크린 채 잔다

일년에 한 마리 새끼를 낳는 나무늘보
5개월쯤 되면
어미는 나뭇잎을 부드럽게 씹어 먹인다

배설은 일주일에 한 번
땅에 내려와 구멍을 파고 묻는 깔끔한 나무늘보
무어 그리 바쁘냐고
천천히 쉬어 가란다

모슬포 김씨 부부

잠들었던 바다가 깨어난다

제주도 남제주군 대정읍 하모리
바람이 사납고 살기 어려워 못 살포라 부른단다

가파도에 붉은 혀를 널름거리며 동이 트기 시작할 때
모슬포에 사는 어부 김씨 부부의 소형 고깃배
새벽 찬바람에 파도를 가르며 질주한다

마라도 근해에서
쌀이 되는
뼈가 센 옥돔과
5킬로그램의 크고 힘센 방어를 잡으려고
주낙을 놓기 시작한다

방어와 옥돔이 사는
바다는 어전(魚田)이다

스스로 씨를 뿌리고 홀로 농사를 지은 바다에서
그들은 물고기를 줍는다
만선을 안고 귀항하며
싱글벙글 흥겨운 콧노래도 부른다

내일도 만선이 되길 꿈꾸며
방어회와 웃음도 함께 먹는다

마장동 475번지

워낭소리, 울음소리 멎은 골목
한때 내장 썩는 냄새와 피비린내가 흥건했다
지금은
골목을 지날 때마다 비릿한 냄새만 진동한다

워낭을 흔들며 노을을 등에 지고
느릿느릿 주인보다 앞서 걸었는데
오늘은 싸늘한 주검이 되어 이곳에 모여 있다

맑디맑던 눈동자는 사라졌고
부위별로 나뉜 살점과 뼈들
냉동창고 갈고리에 걸려 있다
어디론가 싣고 갈 소형 냉동차량들만 즐비하다

한 사내가
냉동차량 바닥에 고깃덩어리를 집어 던진다
문이 닫히고 죽은 소들이
마장동 475번지를 서서히 빠져 나간다

4부

봄을 먹고 있네

개구리가 잠에서 깨어난다는 경칩일
홍성군 용봉산 산행을 마치고
서울로 올라오는 길 차창 밖을 내다보니
예산군 하음리 마을

밭두렁에서 봄을 먹고 있는 흑염소 한 마리
새끼를 몇 번이나 낳았는지 많이 늙어 보인다
앞으로 몇 차례나 새끼를 더 낳을지
언제쯤 풀을 뜯는 입을 다물게 될지
그런 것을 왜 걱정하느냐는 듯
천진스레 눈을 동그랗게 뜨고
따스한 봄의 새싹을 뜯고 있다

아직 겨울을 벗지 못한 나
이제 달려 가야할 길을 거의 달려왔다
모든 짐 훨훨 벗어 던지고
평안한 마음으로 싱그러운 봄을 맞는
저 흑염소와 같이
남은 삶을 비우며 살련다

섬진강의 봄

제주해협 건너온
봄의 전령
꽃샘추위에 멈추어 쉬고 있다

강변 좌우 산중턱까지
하얀 눈꽃 매화가 흐드러지고
가끔은 홍매화와 산수유가
끼어들어 같이 놀자 한다

어린 찻잎에 내려앉은 햇살
출렁이는 강물
강가의 조약돌은 사각사각
모래는 은빛 부챗살 펴놓은 것 같고
강 건너 배 한 척 조용히 일렁이는 모습
숙련된 무희의 강렬하고 잔잔한 춤을 보는 듯

잘 비틀어 꼬아 놓은 동매처럼
재첩 잡고
찻잎 따고
매실, 산수유 농사지으며
대대로 삶을 이어 내려온 곳

그 강에 봄이 깃들었다

짧은 봄

목련이 뚝뚝 눈물을 떨구고 있다
명이 다 되었다고
시한부 봄이 누렇게 찌들어 간다

설레설레 부는 바람이 빈자리를 집요하게 파고든다
목련나무가 물끄러미 발등을 내려다보는
속수무책의 봄

아이와 같이 나온 젊은 부부
나무 아래 아이를 세운다
찰칵, 저물어가는 봄이 찍혀 나온다
나무의 불안한 눈빛도 찍혀 나온다

곡우에 내린 차가운 비바람
짧은 만남을 부추긴다

아쉬운 이별이 길거리에 널려 있다

위험한 봄

겨우내 추위를 견딘 나목들
마른 몸에 물기가 돈다
연둣빛 새 옷을 갈아입었다

화창한 날, 불청객이 온다는 소식에
산과 들이 바짝 긴장한다

한식 성묘객과 소란한 등산객들
논밭 둑의 묵은 풀이 까맣게 타고 있다
때마침 바람이 불어
걷잡을 수 없는 저 나무갓불*

무서운 속도로 번지는 불과 바람의 속도
불은 바람을 업고 단숨에 숲을 향해 달린다

몇 십 년, 몇 백 년 버텨온 거장들
겨우내 준비했던 새 옷
단추도 채우지 못하고 안절부절
거침없이 달려오는 불 앞에 발만 동동 구른다

* 나무갓불 : 나무의 가지나 잎의 무성한 부분만을 태우며 지나가는 산불

동창회

일년에 한 번 열리는 꽃들의 동창회
남쪽에서부터 점차 북상하며 열린다

눈 속에서의 용설화
오동도 동백, 섬진강 매화, 구례 산수유
북향화, 개나리, 복사꽃, 벚꽃, 참꽃, 개꽃
창포꽃 동창회

여름의 화신 붉은 장미
여인들의 마음을 사로잡아 동창회에 끌어 들인다
너만 곱더냐며
양귀비는 하루의 짧은 동창회를 갖기 위해
긴 고통을 이겨내고 붉고 고운 자태를 뽐낸다

동창회가 끝나면 연달아 열리는 다음 동창회
그러나 어떤 동창회는 다른 팀과 중복된다

때를 맞추어 축사하러 왔던 벌과 나비 선생이
장소를 찾다가 주변에서 헛기침만 하고 돌아가고
축하객이 도착도 하기 전 동창회는 끝이 났다

이렇게 동창회는 눈이 짓무르며 끝이 난다

고목(枯木)

우이동 원통사 아래 고목 한 그루
수백 년은 되어 보이니
살아생전 볼 것 못 볼 것
온갖 괴로움을 다 겪었으리

봄이면 기지개를 켜고 여린 움이 터
여름에는 짙푸른 캔버스를 펼치고
까치, 까마귀가 날아가다 지치면 쉬어가라 하고
청설모, 다람쥐도 초대하고
등산객들의 그늘이 되어
슬픔과 즐거웠던 이야기들을 들었을 것이다

가을에는 무르녹게 익은 의연한 자세로
겨울을 맞을 준비하며 살아온 그가
이제 그 생을 마치고 고목이 되었구나

가지 위에 까치집 한 채
몸통 한 켠엔 딱따구리집
또 한 켠에는 다람쥐집

모두 끌어안고 너그럽게 내어주는 너
살아서나 죽어서나 베풀기만 하는구나

목련 한 그루의 천국

한겨울
솜털 옷 잔뜩 껴입은
서울 성곽 목련 한 그루

처녀 앙가슴 파고드는
봄바람 아직도 매서운데
꽃샘추위 다시 올까 걱정하며
세상에 살포시 첫발을 내딛는다

봄을 재촉하는 때 이른 봄비
잎이 피기 전 꽃을 피워야 하는 운명

오늘이 사랑하는 그대와 만났던 날
새록새록 옛 생각에 지난밤을 설쳤다
미운 정 고운 정 티격태격
벌써 43년이란 긴 세월
아들딸 삼 남매 키워
병아리 같은 손자손녀 다섯이나 두었으니

이제 남은 삶
노란 병아리들의 커가는 모습 즐기며
자식들의 축복을 받다 돌아가리라

목련 한 그루의 천국으로!

4월의 편지

꽃눈은 붓을 닮아 목필
꽃봉오리 북녘을 향한 북향화
4월이 오기를 기다리며
하늘을 떠받들고 있다

찬바람이 가시 사이를 휘젓고 다닐 때
붓을 닮은 저 꽃눈으로
북쪽 하늘 펼쳐놓고 편지를 썼다

지난겨울 북쪽으로 보낸 편지
4월에야 답장이 왔다
받아든 봄 한 장 미처 읽기도 전
비바람과 황사로 계절이 한 장 넘어간다

오랜 기다림 끝에
지문을 남기고 떠나는 생애
봄의 편지가 바람에 뒹군다

영취산 진달래

이곳에 여수의 봄이 깃들어
봄의 치맛자락이 화려하다

약산 진달래는 영취산 진달래보다 더 붉었을까
활짝 핀 저 자태
어서 오라 손짓하고 눈웃음치니
꽃빛에 취한 관광객
발길을 돌리지 못한다

봄처녀를 만나는 날
오늘 하루쯤 저 산 아래 여수 앞바다 굽어보며
분홍빛으로 물들고 싶어

남쪽의 봄을 한 아름 안고 왔다

둥근 방

남산 아카시나무 꼭대기 흔들리는 집
문도 계단도 지붕도 없이
지난겨울 눈보라도 이겨낸 그 집
없는 게 너무 많다

지난해 단칸방에서 식구가 늘었는데
올해도 그들만의 건축법으로
까치 부부 못 하나 박지 않고 집수리한다

게으른 까마귀 부부
집은 짓지 않고 까치가 지은 집을 노린다
집주인과 침입자의 한판 결투가 소란하다

바람이 드나들고 비가 피부이도
그 속에 알을 낳고
따뜻한 날개로 군불 지핀 아랫목처럼 덥혀 주더니

둥근 방, 짹짹거리는 소리 들린다

파리 한 마리

용문산 입구 한마당식당 파리 한 마리
무엇을 그리 잘못했는지
용서해 달라 미안하다 빌고 있다

목이 타는지 막걸리 병 주둥이에 앉은 파리
사내의 술잔에 앉아 과작(過酌)을 한다

술에 취한 파리를 향해
그 사내는 눈을 부릅뜨고 욕설을 퍼붓는다
허우적대는 눈동자 안에
파리 목숨 같은 하루가 비틀비틀

파리는 제 잘못을 알고 있다고
두 손 싹싹 빌고 있다

자연 한 포기

충북 괴산군 칠성면 산막이 마을 입구
〈자연 한 포기〉
현수막이 걸려 있다

천혜의 자연을 먹으며 90일간 자란 고랭지 배추
노란 속살이 꽉 들이찬
아삭아삭한 괴산의 자연 한 포기

신안 도촌농협 천일염으로 절이고
지하 암반수로 씻어
도시 사람들의 주문이 끊이지 않는다

우리 집은
땅끝 마을 해풍을 먹고 자란
가을 한 뙈기를 들여놨다

꽃등 꺼지던 날

현준이네 감나무 한 그루
지난여름 태풍 볼라벤과 덴빈에도
상처 하나 입지 않고
다섯 개의 가지에 주절주절 꽃등이 매달렸다

소설(小雪)을 나흘 앞둔 감나무
잎을 떨어내고 한껏 촉수를 올린
가으내 창문으로 바라보던 그 꽃등

오늘 오전
하나의 가지에 걸려 있던 꽃등이 꺼졌다
남아 있는 꽃등이 창문으로 들어와 내 방이 환하다

오후에는
톱날이 남은 꽃등을 모두 꺼버리고
휘어진 두 가지를 잘라버렸다

창문으로 보이는 앙상한 세 가지
갑자기 시야가 캄캄해졌다

수산물시장에서

수족관 속 숭어 한 마리
희뿌연 눈을 껌벅이며 행인들을 바라본다
며칠이나 지났는지 힘이 쇠진된 듯

힘이 팔팔해 보이는
우럭 한 마리 가리키니
눈 불뚝 깜짝 놀라 물속으로 숨어버린다
눈이 살아있고 비늘 윤기 자르르 흐르는
싱싱한 숭어 한 마리 또 선택했다

눈을 크게 뜨고 잠수하던
우럭과 숭어
뜰채로 건져 놓으니 돌아가려 발버둥 친다
회 뜨는 길등에 머리를 맞고
팔딱거리다 숨을 거둔다

내 머리 속에서
생각의 지느러미를 펼치며
동해로 가고 있다

오징어회

횟집 안으로 들어가려다
문밖 수족관에 눈이 끌려 들여다보니
오징어 몇 마리 발레를 하는 중이다
몇 마리는 유리에 빨판을 꽉 붙이고
잡으려는 조리사에게 먹물을 뿜어댄다
과연 이 춤은 무슨 춤일까
오징어포가 되지 않고 아직 살아 있어 추는
즐거운 춤일까
삶의 터전이었던 바다로 되돌아가겠다는 비명의 춤일까

나는 오징어회 한 접시를 시켰다
알 수 없는 오징어의 춤도 함께 삼켰다

붕어에게 죄를 묻다

톡 튀어나온 눈만 멀뚱멀뚱
잘못한 죄 없다고 바둥거린다
몇 차례 더 고문하니 묵비권 행사
곤장으로 내리치며
수중에서 작고 힘없는 것들을 죽인 죄다 하니
파닥거리다 축 늘어진다

식당주인에게 정밀검사 의뢰
옷을 벗겨 외상 확인 후
개복수술하고 속을 들여다보니
새끼 미꾸라지 피라미 새우 등 힘없는 것들을
살생한 죄가 드러난다

그의 몸에서 우러나오는 비릿한 냄새와 눈물 콧물
매운맛 짠맛이 듬뿍 배인 붕어탕

주문진 어시장

아침 동틀 무렵
야간 조업 나갔던 배들
밤새 바닷바람과 파도에 시달리며 잡아 올린
오징어, 도루묵, 참복어, 도치들을 선착장에 내려놓는다

경매인이 종을 울리며 상인들을 부른다
장화에 고무바지 차림의 억척스런 바닷가 아지매들
조금이라도 싸게 사려고 몰려들어
쪽지를 경매인에게 건넨다

낙찰받기 바라던 상인
사려던 물건을 사지 못해 소태 씹은 얼굴로 입맛만 다신다
낙찰 받은 경매인의 밝은 미소에
어시장은 활기를 띤다
생선을 다듬는 솜씨의 달인들
마수걸이해 달라 사정하는 상인들로
시장은 분주하다

만족스런 웃음과
씁쓸한 웃음들
가격에 따라 희비가 엇갈린다

합 창

고향 반계천 농수로 둑을 걷는다
노란 민들레꽃 유채꽃 함박웃음이다
바람은 살랑살랑
무논의 개구리들 개골개골
테너, 소프라노, 가곡, 유행가
혼성 합창이 논두을 기어오른다

개울 건너 밭에는
뽀얀 솜털이 듬성듬성한
호박과 감자 새싹이 쏘옥 머리를 내밀고
묵음으로 계절을 알려준다

무논에는 모내기 준비로 트랙터가 종횡무진
힙칭딘원들 이리 몰리고 저리 쫓기고
허연 배를 뒤집고 나자빠진다

잠시 끊어진 합창,
다시 이어붙이는 개구리 떼

늦꽃

남산에서 내려오는 산바람
호텔신라 담장과 서울클럽 사이 고개를 뽑고
알록달록 꽃밭을 들여다본다

그늘 아래 하루를 부려놓고
스티로폼 조각을 깔고 앉은 노인들
자투리 천을 펼쳐 놓고
짝이 맞는 꽃을 찾고 있다

지루한 하루, 늙수그레한 신선들
도끼자루 썩는 줄도 모르고,

누구는 똥약이요 비약이요
누구는 초단이요
청단, 홍단이라

시들어 가는 늦꽃들 잠시 철마저 잊고
니 꽃이니, 내 꽃이니
말다툼 일쑤지만
꽃패에 눈을 맞추며 붉게 피어난다

한 판에 백 원, 쌈짓돈 털은 할배
몇 푼 딴 할매는 몇 푼 더 보태
구경꾼 몫까지 하드 봉지 챙겨들고 골목을 오른다

느지막이 늦꽃 피는 소리 흥겹다

지하철 풍경

지하철 안
겨울과 봄이 섞여 있네
미련이 남아 벗지 못한 두툼한 코트
허벅지까지 드러나는 짧은 치마
가벼운 스프링코트

각양각색의 신발들
구두, 운동화, 하이힐, 부츠

희로애락(喜怒哀樂)이 모여 달려가네
지팡이에 의지하여 걷는
등이 굽은 백발
짐 보따리 한 아름 안은 장사꾼

생의 고달픔에 주름진 얼굴
서류 가방 짊어지고 밤을 새웠는지
어깨는 축 늘어진 샐러리맨
무거운 책가방을 멘 학생
생기발랄한 젊은이들

진열된 물건들이 많기도 하네
지하철 안 풍경

조경 공원

돌들이 모여 있다
큰 돌
작은 돌
둥근 돌
모난 돌
나는 왜 여기에 와 있지
너는 왜 여기에 와 있는 거냐
너도 나도 어디로 갈지도 모른다

잔디들이 쌓여 있다
한 묶음씩 묶인 채로
언제 어디로 팔려 나갈지도 모르고
뿌리가 햇볕에 말라 간다

소나무들이 모여 있다
큰 소나무
작은 소나무
마디가 짧고 휘어진 소나무는
못 생겨야 대우를 받는다 한다

돌
잔디
소나무
모두가 산과 강으로 가고 싶다며
고향을 되돌려 달라고
묵언의 시위를 하고 있다

집 한 채

옥상 문 안쪽 천정에
갓난아기 손바닥만한 집 한 채 보인다
나는 그 집을 부수려다 멈추었다

그놈 참 영리하다
추위를 피하고 사람 손이 닿지 않는 곳
작은 몸에서 올을 뽑아
천정에 매달려 집을 짓는 동안
얼마나 불안했을까
그래 올겨울은 그곳에서 지내라

문이 바람에 덜컹덜컹 소리나기에
스펀지를 길게 잘라 문틈에 끼었다
바람막이 덕분에
거미는 겨울을 편히 지낼 수 있겠지

5부

들꽃 / 수련공원 / 해당화 / 입양 / 민들레 / 전신주 / 물수
제비 / 한판 승부 / 상생 / 풍선인형 / 봄날의 장충단 풍경
/ 변산반도에서 / 수덕사 / 찻잔 / 빈 술병 / 노인과 낙엽 /
이발소 표시등 / 빨랫줄 / 분노 / 탱자나무와 배나무 / 동
강에서 만주벌을 만나다 / 주왕산

들꽃

팔월 중순
태풍과 폭우가 한바탕 소란을 떨고 간
북한산 길섶을 오른다

보일락 말락
몰래 핀 앉은뱅이 패랭이꽃
살포시 고개 내밀고
산을 오르는 그 많은 발자국 소리를 세고 있다

하나 둘 셋…
세어보다 또 잊은 듯
고개를 갸웃거린다

한 가닥 바람이 스치고 지나니
키 큰 원추리와 참나리
길고 가냘픈 허리 휘청거리며
무거운 머리 숙여 인사하는 저 고갯짓

누가 돌보지도 않았는데
저 홀로 피는 들꽃
꽃이 있어도 아무도 거들떠보지 않는다

수련공원

관곡地 수련공원
세조 9년 명나라 사신이
남경 전당지에서 씨를 들여와 재배했다는 관곡地
팔월 땡볕에
가지고 간 물병이 비어갈 무렵

돌담장 너머 고택과 연못이 보이는데
출입문 자물쇠가 물고 있네

아래쪽 수련공원 연꽃들
빨리 오라 손짓하여 한 걸음에 달려가니
백련, 홍련, 가시연, 개연
정오쯤 피었다 저녁때 오므라드는 잠자는 꽃 수련(睡蓮)
접시 모양의 꽃받침을 가진 노란 꽃의 물양귀비

연잎 위에 청개구리 한 마리도 부처인 양 앉아 있고
시든 줄기 끝
연밥 한 알 한 알 모두 득도한 고승으로 보이네
물내음 뿜어내는 연의 맑은 향에 취해

수련과 눈 맞추고 그 모습 카메라에 담고
향기는 가슴에 담아 왔네

해당화

햇볕 따가운
태안군 신두리 해수욕장
은모래 백사장 짭조름한 갯바람에
피어난 분홍꽃

사구(沙丘)가 생겨 뿌리를 드러내고도
무거운 표정 한 번도 짓지 않고
뜨거운 바닥을 기어간다

밤낮 파도치는 소리에 푸른 귀는 멍이 들고
허벅지는 물보라에 젖어 흥건하다
온몸에 매달린 가시는 유일한 무기
너를 함부로 꺾을 수 없구나
가시 끝에 매달린 물방울은 너의 눈물인 듯 영롱하다

언젠가 그녀와 함께 걷던
칠월의 백사장이 활짝 피었다

입 양

잔뜩 찌푸린 하늘을 보며
우산을 들고 길을 나섰다

드디어 쏟아지는 굵은 빗줄기
우산을 펴려 하니
도대체 말을 듣지 않는다
그동안 일을 너무 많이 시킨 탓이다

살살 달래도 보고
툭툭 건드려 으름장 놓아 보기도 하고
급기야는 두들겨 패도
이미 마음이 떠난 듯
끝내 웅크린 몸을 풀지 않는다

흠뻑 젖은 분풀이로
투덜투덜 녀석을 편의점 쓰레기통에 버리고
말 잘 듣는 새것을 입양하고
얼굴을 폈다

민들레

서울 성곽 돌 틈 민들레 한 포기
눈보라 꽃샘추위도
모른다는 듯 노랗게 피었다

강한 어머니처럼
겨울에도 얼어 죽지 않고 봄을 맞는다

어제만 해도 보이지 않던
노란 꽃 한 송이
환하게 웃고 있다

전신주

구멍가게 앞 전신주
목에 감긴 올가미에 숨이 막힌다
보이지 않는 그림, 들리지 않는 소리
하루에도 몇 번씩 끈을 조였다 푼다

형형색색의 옷
누더기 옷이 바람에 펄럭거린다
치매노인 찾습니다
유기견 찾습니다
사글세방 있습니다
온갖 동네 소식이 이곳으로 모여든다

지나가는 취객
동네 강이지에게 밑동을 내어주고
어둠에 물든 밤도 침묵하고

전신주는 요지부동
제자리를 지킨다

물수제비

예당저수지에서
착잡한 마음을 날려 보내려고
납작하고 작은 돌 하나 주워 들었다

힘껏 던지니
물 위를 담방담방 뛰어가는 돌
화들짝 놀랜 물이 너울을 일으킨다
옛 추억이
조용하던 물 위에 길을 내더니
네댓 걸음 걷던 돌이 가라앉는다

다시 돌 하나 주워 든다
기분에 취해 저수지에 던진 돌 하나
그 돌 하나하나에
내 머릿속에 얽히고설킨 실타래
가뿐하게 풀려나간다

한판 승부

야간작전이 시작됐다
먹고 살겠다고 공격
못 주겠다고 방어전
윙윙거리는 적의 고음
천둥소리가 잠을 쫓는다

잽싸게 손바닥 대포를 날린다
헛손질에 귀가 멍하며 귓불만 아프다

조명탄을 띄워도 보이지 않는
매복작전의 달인
잠시 휴전하려 하니 또 급습이다

제2턴 조명발사
에프킬라 공중살포 작전
적은 다시 매복에 들어가 보이지 않는다

상 생

게는 태초부터 갯벌에서 살면서
생존을 위해 뻘을 파내어 집을 짓지만
망둥이는 밀물과 썰물 따라 살아 왔기에
집을 지을 줄 모른다
물길 놓친 갯벌에 남은 망둥이
생각 끝에 얻어낸 결론
땅을 파고 집을 짓는 게와 더불어 살기로 한다

망둥이는 게가 집을 짓는 동안 초병을 맡기로 하고
적의 침입이 있을 때
게가 밖으로 나오지 못하게
경고와 동시 게를 밀고 안으로 들어간다

서로가 다른 개체이면서 공생하는 법
계약서도 없으면서 행동으로의 약정
아래층 사람들과
옥상에서 삼겹살 파티하며
우리도 서로 도우며 살기로 약정을 맺었다

풍선인형

나는 거리의 춤꾼
이벤트가 있는 곳이면 어디든 나타나지
바람만 먹으면 키도 크고 근육이 탱탱해진다

큰 키로 허공을 마구 휘저으며
어깨춤 으쓱으쓱
하교하는 꼬마 친구들 몰려와
신기하다는 듯 올려다본다

나는 전생에 각설이
어제는 새로 간판을 거는 슈퍼에서
오늘은 기름 냄새가 코를 찌르는 음식점에서
내일은 칠순잔치 축하 공연
종일 춤을 춰야 한다

누군가가 몰래 내 몸에 구멍을 내면
바람 빠진 풍선이다
그때마다 상처 부위를 찾아 치료하고 바람을 먹이면
언제 그랬냐는 듯 다시 살아난다

슈퍼에서는 불량품도 판매하고
음식점에서는 불량식품을 팔았다 하니
내가 누구를 위해 춤을 추었는지,

나는 어쩔 수 없는 거리의 춤꾼
시키는 대로 춤을 추어야 한다

봄날의 장충단 풍경

이른 저녁 장충단공원
빈 벤치에 노을이 앉아 있다
장충단공원을 거닐던 가수는 간곳없고
안개도 보이지 않는다
따스한 봄 햇살 받으며 졸고 있던
벤치에 즐비하던 사람들
어디로 갔을까

오랜 세월 외로움을 받아주던 등받이는 반들반들
황혼의 쓸쓸함만이 남아 있는
그 벤치에 바람이 꽃잎 하나 앉혀 놓고 간다

무거운 하루에 지친 사람들
풍경을 꼭꼭 씹으며 허기진 배를 채웠다
떨어진 꽃잎 하나
점점 빛이 바래가는 무릎을 바라보았을 것이다

늘 그 자리에 앉아 있던 노인은 사라지고
벤치는 말이 없다

변산반도에서

긴 세월이 흘렀기에
내소사의 허균은 만날 수 없었다

평양 기생 황진이와 맞수인
이매창의 거문고 선율과
매창이 사랑했던 시인 유희경은 찾을 길 없고
직소폭포는 절기도 잊은 듯 숨기잖다

낙조대 일몰은
심술궂은 구름과 안개가 가져가고
산상무쟁처(山上無諍處)와 쌍선봉
앉아 있기만 해도 득도(得道)를 한다는데
나는 아직 마음을 비우지 못했다

산사의 주인인 스님과 보살님
옛 매창의 향기를 닮음인가
말끔히 정돈되고 장작불에 데워진 온돌방
때 이른 눈 덮인 산사엔 고요함만 깊어 가는데
밤새 산사를 지키는 삽살개 두 마리
저녁 예불 종소리는 쌍선봉을 휘감고 돌아간다

남녘의 푸근한 날씨는 산사에 덮인 눈을 녹여
처마 끝에서 똑 똑 똑
떨어지는 낙수소리
산사와 함께 깊어간다

수덕사

백두대간의 일맥 덕숭산 자락에 안긴 수덕사
칠백년을 자랑하는 대웅전은
백제 유일의 사찰
비구니의 수도(修道)암자 환희대
여승의 시발(始發) 사찰인 견성암
백여 명의 여승이 정진 도량을 수행하고
경허와 만공은 덕숭산문 수행 기풍을 발화
불교계의 민주화, 자율화의 터전을 만들었던 곳

"착한 일 많이 하게 그대가 부처일세"
경허의 법문 가르침과
만공의 마지막 법문 음담이 유명하고
만공은 마지막 날 거울과 대좌 또 다른 만공에게
이 사람 만공 70여년 동안 동고동락을 해왔지만
오늘이 마지막일세,
그 동안 수고했네, 나는 가네, 하고 열반하였다 한다

경허와 만공이 거처했던 초가에 들러
곡주 한 잔 나누려 했으나
집을 비운 지 오래 되어 만날 수 없었다

찻잔

우리 집 찬장에 엎드린 찻잔
슬플 때나 즐거울 때나
가끔씩 찾아오는 손객을 위해
뜨겁다 차갑다 한마디 불평 없네

가족들의 대화 장소에 언제나 초청 받아
슬픔을 달래주고
즐거움을 돋궈주며
갈증을 해갈해 주었네

인간들의 환희와 애환을 모두 엿보며
영혼에 밥을 주는 너,

세인들과 입맞춤을 즐기네

빈 술병

마음이 한 송이 꽃을 꺾을 때면
홀 한 구석 원탁
빈 술병이 내게 말을 걸어온다

모락모락 김이 나는 선짓국 한 그릇
텁텁한 막걸리 한 대접에
얼굴은 초가을 감 익어가듯 불그스레
눈은 한물 간 물고기처럼
눈꺼풀이 처지는 저 빈병

복어처럼 잔뜩 부른 배
엉거주춤 일어나 바지를 추켜올리고
언제 또 온다는 약속도 없이
나는 훌쩍 떠난다

노인과 낙엽

공원 한 구석
벤치에 하염없이 앉아 있는 저 노인
무슨 생각을 하고 있을까

기나 긴 세월의 터널을 헤쳐 나오느라
머리에는 서릿발이 내리고
이마에는 연륜만큼 일그러진 주름

차가운 바람에 옷깃을 추켜세우고
옆에 앉아 있는 사람과
주고받는 말이 힘이 없네

견장처럼 빛나던 그 영광은 사라지고
바람에 흩날리는
낙엽을 따라가는 시선이
늦가을처럼 쓸쓸하네

이발소 표시등

피를 상징하는 붉고 푸른 옷을 입고
옥상이나 처마 끝 건물에 매달려
빙빙 도는 신세라네

좋은 날 궂은 날 가리지 않고
빙빙 돌기 시작하면
나를 보고 찾아오는 고객에게
흰 턱받이를 채우는 이발사

덥다 춥다 한마디 못하고
매연에 찌들고 소음에 시달리며
그저 돌아야만 한다네

황사 낀 하늘 아래
현기증이 나는 노동은 끝이 없네
나는 눈먼 벙어리라네

빨랫줄

비가 오고 눈이 오면
바지랑대가 늘어진 체중을 받아준다

젖은 무게를 받아 걸고
보송보송 말리는 것은 나의 몫
나는 젖은 옷만 즐겨 입는다

비둘기가 놀러오고
까치와 참새도 내 등에 앉아 놀다 가지만
나는 여전히 빈 몸이다

칠흑같이 어두운 밤
별과 달을 불러 걸어둔다

비바람 몰아치고
살을 에는 계절엔
윙윙 소리내어 운다

분노

벌
뱀
먼저 건드리지 않으면
쏘거나
물지 않는다

소
말
건드리지 않으면
뿔로 받거나
뒷발로 차지 않는다

상대가 순하디 순하더라도
건드리지 마라

화살은
시위를 당기면 튕겨 나가기 마련이다

탱자나무와 배나무

가시와 가시가 엉겨 살고 있는
탱자나무 울타리
그 안을 들여다보니
30여 년 묵은 배나무들이
일정한 간격으로 정열하고 서 있다
나무에는 흰 봉지가 주렁주렁 매달리고
봉지는 햇살과 빗물에
젖고 마르며 퇴색되어 간다

세월이 흘러 단맛이 고이면
어느 날 나무에서 잘려 나간다
배나무는 얼마나 가슴 아플까

탱자나무 울타리는 모른 척
그 자리를 계속 지키고 있다

동강에서 만주벌을 만나다

영월 동강이 굽이쳐 흐르는
험준한 1006미터 상정 바위에 올랐다
발아래 펼쳐진 우리나라 전도
휘감아 도는 푸른 물줄기는
한반도를 둘러싼 동해, 남해, 서해로 보인다

나는 어느새 만주벌에 와 있다
기골이 장대하고 의기에 찬 독립투사가
바람을 가르며 말 달리는 것을 보았다

분단의 슬픔
고구려의 옛 영토
아린 가슴 쓸어내리는
동강 만주벌

주왕산

주왕과 마 장군이 싸웠다는
주왕봉과 장군봉
주왕의 포효는 들리지 않고
마 장군의 말발굽 소리도 들리지 않네
동해가 보이는 왕거암
청학과 백학이 살았었다는 학소대
주왕의 아들딸이 달구경을 했다는 망월대

산세가 우람하고 계곡이 깊어
물이 마르지 않고
세 개의 폭포는 힘차게 뛰어내린다
등산객과 금수가 목을 축이고 쉬어가기 좋은 곳

주왕산은 청송(淸松)이라는 이름답게
푸른 소나무 군락지가 있다
바람을 못 이겨 비스듬히 누워 있는 소나무
소나무의 빗살무늬 상처는 역사를 말해 주고
계곡의 오색단풍은 보는 이의 마음을 사로잡는다

작 | 품 | 해 | 설

삶을 위무하고 긍정하는 시의 진정성

최 선 옥 | 시인, 평론가

1.

어떤 것들이 시적 대상이 되어야 할까. 글을 쓸 때면 맞닥뜨리는 질문이지만, 엄밀히 말하면 시적 대상은 광범위해서 어떤 소재를 가져와야 한다는 법칙은 없다. 일상사를 잔잔하게 그려갈 수도 있고, 추상적인 관념에 집중할 수도 있다. 또한 사물의 본질에서 유추해 내는 사유를 소재로 가져올 수도 있다. 저마다의 목소리를 낼 수 있는 시적 개성이기 때문이다.

전영모 시인은 자연과 인간을 시적 소재로 삼고 있다. 광범위한 소재 속에는 고향이 있고 가족과 유년의 추억이 있다. 또한 현재 자신을 둘러싼 일상이 있다. 자연과 인간사에 근거한 일상적인 것을 시적 소재를 다루는 것은 자신을 에워싸고 있는 자연과 사소한 일상이 전체적인 삶의 무게와 동등한 위치를 갖게 된다는 말이기도 하다. 소소한 것들에서 비롯되는 본원적인 감정이 시적 공감으로 이어지는 것, 작은 존재인 인간과 자연물이 만들어 내는 이야기들이 시적 중심이 되는 것이다. 이는 한국적 정서와 맥을 함께 하고 있다는 말이기도 하다.

전영모 시인은 서둘러 시를 마감하는 건조함 대신, 나름

간결하면서도 조촐하게 시에 수분을 입히려고 한다. 그리고 독자와의 거리를 적절히 유지하면서 삶의 서성거림 속에서 세상의 아픔과 깊음을 읽는 맑은 눈을 지니고자 한다.

요즘 눈길을 받는 일부 시 흐름을 보면서 새로움이 과연 앞서감이고, 그동안의 시적 흐름을 뒤처짐으로 볼 수 있을지에 대해 생각해 보게 된다. 진보 혹은 보수의 기준이 옳고 그름이 될 수 없는 것처럼, 새로움과 낯익음으로 시적 미학을 구분 지을 수는 없다. 시는 구체적인 일상에서 시작되는 것, 경험의 구체성과 거기에 덧입힌 미적 기능으로 평가받을 수 있기 때문이다.

산문화되어 가고, 말이 많아지고, 실험정신의 구호로 포장한 시들에서 구체적인 인식과 방법론이 제시되어 있지 않은 요즈음, 시인의 시는 어쩌면 간결해 보일지 모른다. 그러나 깊고 따스한 눈길로 자연과 사물과 인간사를 읽어가는 정서는 단아한 어조 속에서 빛을 발한다. 그만의 절제된 언어는 시를 모호하고 애매한 지경에 빠뜨리는 오독의 위험성에서 벗어나게 해준다. 자연스럽게 시의 의미에 닿게 하는 것은 평이함이 아니라 정제되고 고도화된 형상화에 충실함이다. 자유분방하거나 풍요로운 시의 스펙트럼이 아니라 소박하고 조촐한 정서를 육화시키는 시들은 시인의 건강한 정신적 정화이며 생에 대한 성찰이다.

2.

아침에 옥상에 올라
앞을 내려다보면 약수동 일대가 단숨에 달려온다
뒤편엔 남산이 배경처럼 우뚝 서 있다

흐드러지게 핀 벚꽃을 지나
푸른 숲의 매미소리

활활 타오르는 가을을 통과하면
눈 고깔모자 쓴 남산이 의젓하다

녹색바람 불어오면
매운 고추에 붉은 물이 들고
가을배추도 살이 오른다

도시의 공간
지친 하루 해가 서산으로 넘어가면
그 자리에 누워 바라보는 밤하늘
풀벌레 울음 장단 맞춰
무수한 별빛이 옥상으로 내려온다

구름이 흘러가고 바람이 스쳐 지나가는 곳
나는 그곳에서 하루를 설계하고
막힌 숨을 토해 놓는다

―「우리 집 옥상」 전문

시인의 시는 부드럽다. 부드럽다는 것은 부드러운 상상력을 내포한 시라는 말과도 통한다. 자연을 빌어 인생을 빗대기도 하고, 조용히 자신을 성찰하며 순리의 길을 따르는 시적 시각 내지는 연성의 감각은 내면의식과 불화하기보다는 화합하고 동행한다.

그는 차용해 오는 자연에서 그 자체의 순환이나 아름다움만을 도출해 내지 않는다. 자연을 통해 인간사의 희로애락을 표현해 내되 새로운 생의 길을 모색하고 생의 에너지를 충전한다.

그 과정에서 유한한 생명에 반한 존재의 영원성을 지향하며 생성하고 회전하는 삶의 원리를 터득해 내는 것이다. "뒤편엔 남산이 배경처럼 우뚝 서 있"는 "옥상"에서 "벚꽃"과

"매미소리"를 감상하고, "고추"와 "가을배추"의 수확에 기뻐하고 "풀벌레 울음 장단 맞춰" "별빛"을 받으며 "하루를 설계하고 막힌 숨을 토해 놓는" 것처럼.

"옥상"은 도시의 숨구멍이다. 그곳에서 답답한 숨을 틔는 시인은 앞서 언급한 것처럼 생의 길을 모색하고 에너지를 충전하는 것이다.

동네 어귀
삼백 살 자신 느티나무 노인이 살고 있다
나이테만큼 품을 늘린 정정한 나무
둥지를 품고 가족을 늘려간다
나뭇가지에 열린 새소리에 갈수록 그늘이 무성한데
그늘을 깔고 앉은 노인들은 등이 굽었다

사람의 몸에도 그늘은 자란다
얼마나 많은 근심을 다 부려놓아야
검버섯 피는 그늘이 가실까

육십 번 강산이 바뀌는 동안
하나 둘 떠난 빈자리,
느티나무를 한 바퀴 돌아 꽃상여가 떠나갔다

슬하에서 자란 어린것들
부모의 그늘을 벗어나 타지로 멀리 날아갔다

느티나무 그늘에 지팡이를 내려놓고
오지 않는 소식을 기다리는 노인들
삼백 살 느티나무 어르신처럼
생각이 한 아름이다

—「그늘」 전문

"그늘"은 이중의 의미로 해석할 수 있다. "느티나무"의 그늘은 무더위를 식혀주는 은신처 혹은 휑한 공간을 채워주는 사랑이다. 그러나 인간세상으로 이동하면 그늘은 "근심"으로 해석된다. 또한 "어린것들"이 떠나는 "부모의 그늘"은 간섭이나 참견에서 멀어지는 것이다.

자연물과 일상적 소재를 동원하되 격렬한 감정의 표출을 삼가는 시인은 자신을 반추함과 동시에 자신을 다독여 자아성찰을 한다. 그 과정에서 담백한 언어를 차용하고, 그로 인하여 시는 일상의 포근한 정서는 물론 자연에서 유추해 내는 삶의 의미를 전달한다. 그리하여 고목인 느티나무 한 그루를 "노인"으로 인식하며, "둥지를 품고 가족을 늘려"가는 인간적인 사고로 바라보는 것이다.

문명과 문화의 발달은 물론 변화하고 진보하는 세계에서 인간의 시선은 좀 더 구체적이고 세분화되어 간다. 그런 이유로 다른 예술과 마찬가지로 문학도 하나의 도덕적 이념이나 이상을 향해 총체적으로 이동하지 않는다. 예전과 달리 방법론 내지는 방향성이 수없이 갈라지고 세밀화될 수밖에 없게 되었다. 그리하여 문학적 규범이나 도덕 내지는 고정된 이론이 파괴되는 경향이 있지만, 시인은 우리가 예의 문학이라고 믿거나 시라고 생각하는 규범을 벗어나지 않으려 애쓴다. 시인이 추구하는 세계와 타인이 추구하는 세계가 비록 차이를 드러낸다 해도 이것을 나름의 시적 안목으로 집근, 공감의 지내를 넓혀가는 것이다. 이는 인간이 느끼는 희로애락의 감정을 시인 특유의 시적 안배에 의해 골고루 확장시켜 놓는다는 말이기도 하다.

"느티나무 그늘"에서 "부모의 그늘"을 보듯, 존재의 영원성이나 회전하는 삶의 원리를 위해 시인은 끝없이 대상을 바라본다. 대상을 향해 서슴없이 다가가 그 속으로 스며들어 하나가 된다. 그리고 어느 지점에서 그것의 일부가 되어 그것 너머의 사유를 알아챈다. 그리하여 "삼백 살 느티나무 어르신처럼/생각이 한 아름"이라는 사유 속 존재의 근원과 아름다움을 관조할 줄 아는 것이다.

시간의 뼈만 남았다

(중략)

여름 저녁 안마당에 깔린 멍석은
둘둘 말려 헛간에 걸리고
기억은 모닥불에 구운 감자처럼 까맣게 그을렸다

대나무 숲이 우거진 옛집
빈집을 지키던 대나무 고개를 살래살래
옛일은 모두 잊었노라 한다

—「옛집」 부분

대숲이 외딴집을 지키고 있다
집 주인은 간데없고
바람과 구름이 쉬어가고
소낙비도 한바탕 놀다가는 곳
잡초들이 문지방을 넘어 안뜰까지 차지했다
이름 모를 들꽃들도 집안으로 이주했다

어머니가 버선발로 뛰어나와 맞아주던 집
어머니는 오래 전 먼 여행을 떠나셨고
안마당 펌프는 녹슬어 간다
잉걸불을 품던 아궁이도 싸늘히 식었다

(중략)

알고 보면
잡초, 풀벌레, 참새와 까치, 고양이와 두더지…
모두가 빈집의 주인이다

—「주인도 많다」 부분

시선집 제목이기도 한 「옛집」은 "고향"과 "어머니"에 연관된 "옛일"이 올올이 풀려나오는 곳이다. "안마당"과 "멍석"이 있고 "헛간" "모닥불" "대나무 숲" "들꽃" "아궁이" 등 아련한 그리움을 불러들이는 것들로 가득하다. 그러나 그곳은 현재 시인이 머무르는 곳이 아니라 '빈집'이며 '옛집'인 것이다.

「옛집」, 「주인도 많다」 등의 예시처럼 인간은 사라져가는 시간을 잡을 수 있을까. 시간은 냉정하게 흘러가지만, 인간은 기억의 흔적들을 따라가며 잃어버린 삶의 의미를 복원해 보려 애쓴다. 현장성을 말끔히 소멸하지 못하는 기억은 끊임없이 기억을 현재화함으로써 그 흐름을 정지시키려고 한다. 그러나 기실 흐름을 정지시키는 것은, 자기 안에서 더 이상 나아갈 수 없도록 하려는 자신의 시선고착이다.

사라지는 것과 사라져갈 것들에 대한 두려움보다는, 차라리 점멸하는 시간을 그대로 놓아줌으로써 불안한 현재의 삶이라 할지라도 긍정하는 것이 현명할지도 모른다. 그래서일까, 전영모 시인은 지워져가는 시간을 복원하려 애쓰기보다는 그냥 지워진 채로 흘러가게 한다. 그럼으로써 현재의 생을 인식하고 보다 나은 길로 접어들려는 의도인 것이다. "옛일은 모두 잊"는 '옛집', "모두가 빈집의 주인"이라는 시인의 의식은 그런 의미 때문이다. 예시하지는 않았지만, "넉자 지팡이에 의지하는 할머니"를 보며 "숨 가쁘게 지나간 생의 그늘"이라는 시 「지팡이」에서도 그 인식은 이어진다.

시인은 '빈집'이 텅 빈 공간이 아니라 했다. "잡초, 풀벌레, 참새와 가치, 고양이와 두더지" 등 식물과 곤충과 조류와 포

유류가 뒤섞이고 어울려가는 공간이라는 시인의 의식은, 언급한 것처럼 현실을 있는 그대로 받아들여 스스로 위무하는 시적 태도다.

늦가을에
어김없이 배달되는 엽서들
길은 온통 우체통이다

발신인 주소와 수신인 주소도 없는 계절이 쓴 편지
북풍이라는 집배원이 수신인 찾아 골목골목
바쁘게 뛰어다닌다

가방에 넘치는 우편물
골목마다 떨어뜨린 가을엽서
울컥 눈물이 번질 것 같다

—「가을엽서」 부분

일년에 한 번 열리는 꽃들의 동창회
남쪽에서부터 점차 북상하며 열린다

눈 속에서의 용설화
오동도 동백, 섬진강 매화, 구례 산수유
북향화, 개나리, 복사꽃, 벚꽃, 참꽃, 개꽃
창포꽃 동창회

여름의 화신 붉은 장미
여인들의 마음을 사로잡아 동창회에 끌어 들인다
너만 곱더냐며
양귀비는 하루의 짧은 동창회를 갖기 위해
긴 고통을 이겨내고 붉고 고운 자태를 뽐낸다

(중략)

이렇게 동창회는 눈이 짓무르며 끝이 난다

—「동창회」 부분

시인은 자신의 시에 배어 있는 삶의 고뇌와 회한과 고독을 굳이 숨기려 하지 않는다. 그렇다고 관념으로 노출시키기보다는 시적으로 형상화하여 감동의 파장을 넓혀간다. 삶을 향한 연민이나 안간힘, 혹은 머뭇거림이나 망설임 등 인간이라면 누구나 거쳐야 할 다양한 감정을 공유하게 만든다. 자책이나 자조의 음성을 띠기보다는 응시하고 성찰하며 긍정하는 삶의 자세를 보이는 것이다.

이런 인식으로 인하여 죽음의 문턱까지 다녀온 투병의 고통도 '황천길을 다녀왔다'며 기꺼이 삶의 일부분으로 받아들이고 긍정하는 것이다.

이는 보이는 것만을 서술하는 눈의 독재가 아닌, 자유로운 상상력과 이미지를 형상화한 시를 선보인다는 의미이다. 그리하여 예시 「가을엽서」와 「동창회」처럼 자연물은 새로운 색깔과 의미로 태어나고, 그것은 삶의 긍정적 요소로 작용하는 것이다. "골목마다 떨어뜨린 가을엽서"인 낙엽에 "울컥 눈물이 번질 것 같"아도 "길은 온통 우체통"이라든가 "가방에 우편물"이라는 시적 형상화가 그 예라 하겠다. 개화를 "꽃들의 동창회"라 표현하는 것도 같은 맥락이다.

이처럼 시인의 시는 무겁거나 어눕지 않다. 그것은 시적 여운이 가볍거나 시적 주제가 암울하거나 심각하지 않다는 의미가 아니라 시적 표정이 긍정적이라는 뜻이다. 세상이치에 대한 긍정적 시각을 지니고 있다는 의미이다. 이는 일관된 해석을 방해하는 단절이나 비약의 시적 협곡을 지나기보다는 단단한 것을 부드럽게 만드는 시적 상상력과 감각을 지녔기에 가능하다. 시인은 대상에서 채집한 시상을 단정하게 시로 옮겨놓고, 독자는 대상세계와의 시적 감응에서 비롯된 마음의 동선을 따라가며 삶에서의 희로애락을 경험하는 것이다.

마트에서 통조림 한 개를 들고 유효기간을 살폈다
아직 한 달이나 남았다
흔들어보니 소리가 나지 않는다
속이 꽉 찼다

집에 와서 뚜껑을 따보니
남쪽바다가 들어 있다
그 숱한 기간을
공기도 통하지 않는 좁은 공간에서 누구를 기다렸을까

비린내나는 바다와 고등어
우거지를 깔은 냄비에 반 정도 비웠다
그리고 남은 것은 뚜껑을 꼭 닫고 흔들어보니
바닷물이 출렁이는 소리가 들린다
이 소리는 덜 채워진 깡통의 소리

다음날
바다와 고등어를 다 비우고 두드리니
요란한 소리를 낸다
속이 빈 것들이 더 시끄럽다

—「깡통」 전문

물에도 뼈가 있다
물 먹고 체하면 약도 없으니 천천히 씹으며
마시라고 했다

학교에서 땀 흘리며 돌아왔을 때

어머니가 떠 주시던 물 한 대접
산 정상에서 마시는 시원한 물 한 컵
하산길 약수터에서 마시던 물 한 바가지에
지친 내 허리도 펴졌다

가뭄에 거북이등처럼 갈라진 논바닥도
한여름 소낙비에 휘어진 척추를 곧추세웠다

(중략)

뼈가 없는 듯하면서도
억센 뼈를 가진 물
가끔 물이 사람을 다스린다

—「뼈—물 · 1」 부분

"속이 빈 것들이 더 시끄럽다", "물에도 뼈가 있다" 등 사물이나 자연에서 유추해 내는 사유가 글의 맛을 살린다. 글은 만들어지는 것, 본래의 의미만을 몸에 걸치지 않는다. 시가 아닌 이중적 의미의 옷을 입을 수 있는 것은, 시인이 사유의 과정을 거쳐 새로운 의미로 만들어 내기 때문이다. 그렇기에 장황하거나 간결하거나, 혹은 관념이거나 신변잡기의 글이어도 시적 요소와 감동의 요소를 갖추고 있다면 굳이 형식에 구애받지 않아도 되는 이유가 성립되는 것이다.

시적 형상화 작업에 수반되는 것은, 시인이 세상살이의 여러 항목 중에서 발굴한 삶의 의미이다. 섬세한 시적 안목으로 시를 발효시켜 내면서 보이는 것만이 아니라 생의 의미까지 더해져서 시의 가치가 한결 높아지는 것이다. "바다와 고등어를 다 비우고 두드리니/요란한 소리를 낸다", "뼈가 없는 듯하면서도/억센 뼈를 가진 물/가끔 물이 사람을 다스린다" 등은 좋은 예라 하겠다.

삶은 시간의 단조로운 연속이다. 그러나 그 단조로움을 삶의 이치에 도달하는 길로 자연스럽게 받아들이고, 그 과정 속 아픔과 상처 또한 따스하게 감싸 안아 곰삭히는 것은 시인의 시적 안목이 있기에 가능하다.

이는 사물과 대상을 향한 열려 있는 마음과 열려 있는 감각이 있기에 가능한 것인데, 전영모 시인은 이 점을 익히 깨닫고 있으며 시적 표현에 실천하고 있다.

늦가을부터 겨울까지
밤마다 물레와 베틀에 매달리던 어머니

몇 대(代)를 이어왔는지
찌그러진 물레
삐걱 삐걱 힘겨운 소리
오른손은 물레를 돌리고
왼손은 하얀 목화 한 송이 두 송이
하루는 씨앗을 골라내고
하루는 실을 뽑아냈다

실타래를 모으고 모아 베틀에 올린 후
낡은 베틀에 허리를 묶어 매고
발에 연결된 바디를 밀었다 당겼다
날줄을 아래위로 번갈아 벌리고
씨줄을 넣은 북통을 좌우로 촘촘히 엮었다

낡은 베틀은
삐걱 덜커덩 삐걱 덜커덩
한 자 두 자 무명천을 감았다
어머니는 물레였다

—「물레」 전문

시인의 시적 고전주의는 시의 정도를 걷는 점잖음이며, 시는 이래야 한다는 본보기의 점잖음이다. 그러나 시인의 시적 윤리는 교훈적 성격을 띠거나 계몽적 의도를 담지 않는다. 다만 시적 감수성이 무의미에서 의미로, 모나고 딱딱한 것이 부드럽거나 둥글고 말랑한 것으로 전환하는 작용을 한다는 것이다.

과거는 늘 그 모습 그대로 그 기억 그대로 있을 것 같지만 사실은 지금의 정서와 환경 등에 의하여 조금씩 달라진다. 과거를 회상하는 정신작용은 항상 현재와 현재의 삶을 바라보는 시인의 시각을 반영하는 것이다. 그러기에 지나온 날을 더듬는 시인의 표현은 바로 지금의 시인의 정신이나 정서 자체를 대변하는 것이다.

그리하여 사물인 "물레"가 "어머니"에 대한 그리움으로 이동, 그 정서에 동화되는 것이다.

나 어릴 때 살던 초가삼간
사형집행관인 어머닌
아침과 저녁이면 앞산을 태웠다
때로는 검게 때로는 희뿌옇게
머리 풀고 바람 타고
잘 가겠노라 손 흔들며
나무들의 혼백들 아슴푸레 사라졌다
늦은 저녁
어머니의 눈불어린

김이 무럭무럭 나는 따스한 밥상
배고픈 것 참고
자식들 더 먹이려 하시던 어머니
아침이면 또 가난을 분질러 불을 피웠다

—「집행관」 전문

안방에는 물레, 콩나물시루
물 줄 때마다 크기를 재어 보던 어머니
눈꽃 같은 흰 목화
한 광주리 따오면
씨앗 빼고 잡티 고르기로 밤을 밝힌 어머니

사랑방 부엌 가마솥에는 소여물이 끓고
참다못해 혀를 날름거리던
우리 집 누렁이 암소

낮에는 논밭에 나가 일하시고
밤에는 새끼 꼬아 가마니 짜신 어머니
눈이 침침해지는 줄도 모르고
어두운 등잔불 아래서
먼동이 틀 때까지 일하시던 어머니

어머니의 방에 살던 정겨운 소리들
물레소리, 콩나물시루 물소리가
어린 나를 먹이고 키웠다

—「어머니의 방」 전문

시적 대상의 겉모습보다는 보이지 않는 속성이나 사유가 시의 중심소재가 된다. 이러한 시적 내면에는 여러 가지가 포함되지만, 삶의 의미가 주된 소재가 된다. 나뿐만 아니라 상대의 의미, 그 너머의 '우리'라는 존재의 의미를 포함해서 삶과 죽음의 문제, 사랑, 이별, 그리움 등 극한의 정서까지도 아우를 수 있다. 어떻게 보면 인생의 문제란 끝도 없이 이어지는 것이어서 삶의 질서 혹은 체계도 딱히 이것이라고 단정 지을 수는 없다.

그러나 시간의 흐름 속 질서와 윤리와 체제는 어느 정도

우리의 관습이나 생활과 밀접한 관련이 있다.

시인이 간직하고자 하는 기억도 때와 장소에 따라서, 그리고 시간의 연속성에 따라서 희미해지고 때로는 사라져 버리기도 한다. 흩어지고 지워지고 때로 조각난 기억들을 모아 시인은 시를 쓴다.

그리하여 시인이 만든 또 하나의 기억 속에는 여러 시간들이 흘러가기도 하고 또 고여 있는 것이다. 그곳에 "어머니"가 있고, 시인에게 어머니는 모성과 고향과 유년을 불러오고 거기에서 향수와 그리움을 느끼는 원초적인 정서의 대상이 되는 것이다. 「어머니 냄새」, 「밥 한 그릇」, 「그을음 부엌」 등 여러 시들이 동일한 정서를 담고 있다.

3.

요즘의 복합적인 시적 경향에 대하여 보내는 시각은 다양하다, 우려는 물론 안도감까지, 각자의 시적 관점은 다르지만 시와 한 몸이 되어 온 시인에게는 자칫 그것이 우려로 비쳐질 수 있다. 그 이유는 여러 가지겠지만, 우선 하나만 꼽으라면 시가 갖는 본질의 목적이 흐려지지 않을까 하는 염려 때문일 것이다. 그것은 달리 말하면 시의 본래 의무로 회귀하고자 하는 소망 때문이다. 그리하여 내면의 울림이 없는 시에 탐닉하여 시의 본성을 잃을까 하는 염려는 그것을 찾기 위한 몸부림에 이르고, 그것을 위해 어떻게 해야 하는지에 대한 대책까지 강구하게 만든다.

그리하여 시적 울림을 찾기 위한 방편으로 시적 대상에 대한 피동적 관조가 아니라 능동적 지각으로 나아가야 함을 깨닫는다. 이는 일상의 친숙한 시적 대상이라 하더라도 사물에 대한 새로움을 발견해 내는 시적 시각이 필요하다는 것, 전영모 시인의 시는 친숙함 속에서 나름 새로움을 찾고

자 하는 노력을 동반하고 있다.

삶은 불안하다. 현대인의 정서의 각박함은 갈수록 농도가 짙어진다. 이런 때 독자를 의식하지 않은 자유로운 시선의 창작물도 필요하지만, 욕망으로 요동치는 삶을 스스로 다스림도 필요하다. 시의 위기라든지 대중과 멀어진다든지 하는 요즈음의 목소리를 조금은 귀 기울여 듣는 시인의 자세가 필요한 이유도 이 때문이다.

전영모 시인의 시선집 『옛집』은 시인이 지금까지 살아온 삶의 의미를 되짚으며 사색과 고뇌 등을 자신만의 소탈한 언어로 세상에 들려준다. 앞서 언급했듯, 현란한 이미지나 수사가 아닌 정제되고 제어된 감정에 의해 축성된 시적 이미지가 중요한 역할을 한다. 그리하여 시인이 말하고자 하는 시적 의미의 진실한 육성을 들려주는 것이다.

인간본연의 단면들을 살펴 성스러운 노역으로 거듭나는 시인의 시들에게서 삶의 편린들과 의미, 혹은 삶의 진정성을 대할 수 있다.

조심스럽게 내놓는 시적 행적들은 삶을 단아하게 때로 감성 깊게 보여주는데, 한편 시인은 지난 삶을 그리워하거나 순수와 열정에 목말라 하기도 한다. 그리고 그 목마름을 시로 전환 감동의 목소리를 낸다. 지난 삶을 반추하고 그 시절의 열정을 동경하는 것은 누구에게나 해당되는 감정의 상태일 것이다. 그러나 시인은 그런 일련의 감정 상태에만 머무르는 것이 아니라 그것을 시적 여운으로 끌고 와 현재의 상태를 긍정하고 위무한다. 지난 삶에 대한 아쉬움과 함께 영원을 꿈꾸는 삶이 허황되고 모순되어 보여도, 삶 자체가 끝도 없는 모순의 연속이기에 시인의 이런 모습이 보다 인간적인 것으로 전해지는 것이다.

시인은 삶에서의 당위적 진실 자체만을 읊은 것이 아니라 생에서 만나는 여러 사건과 감정들을 숨김없이 드러낸다. 때로 쓸쓸하고 때로 슬픈 단면까지 모두 담고 있는 시들에게서 오는 감정의 공유는 독자로 하여금 자신을 돌아보게 한다. 치열했던 지난 삶의 아픔과 고독, 슬픔, 기쁨 등 복합적 감정이 침전되어 정화된 후 보여주는 삶의 의미 내지는 미덕이 이전 시선집의 특징이라 하겠다.

무엇이 타당하고, 무엇이 선하고 아름다운지를 아는 시인의 안목으로 인하여 시선집 『옛집』은 감각과 물질과 정신, 자연과 인간사 모두를 아우르고 있다. 한쪽으로 편중되거나 욕심내지 않는 삶의 면모를 두루 보여준다. 시적 표정이 무거움에서 가벼움으로, 닫힘에서 열림으로, 억압에서 자유로 이동해 가고, 섬세하고 내밀하게 시적 여운을 이끌어 가는 방법으로 인하여 감동의 결이 한 곳으로 모아지고 있다.